Bankergeheimnisse

Wie kontrollieren die Banken unser finanzielles Leben?

Inhaltsverzeichnis

Geschichte und Entwicklung der Banken

Die ersten Banken

Die ersten Banken gab es schon mehrere Jahrtausende vor unserer Zeit in den Zivilisationen des antiken Mesopotamien, Ägypten und Griechenland. Allerdings unterscheiden sich diese Banken erheblich von den heutigen.

Die antiken Banken hatten ähnliche Funktionen wie moderne Banken, wie die Verwaltung von Einlagen, Krediten und Devisengeschäften. Jedoch basierten ihre Aktivitäten auf dem Austausch von Gütern und Edelmetallen anstelle von Geld. Zudem waren die Banken oft im Besitz reicher Händler oder religiöser Tempel.

Im Mittelalter gründeten italienische Bankiers die ersten modernen Banken. Italienische Händler begannen, Kreditbriefe einzusetzen, um den Handel zwischen verschiedenen Regionen Europas zu erleichtern. Diese Kreditbriefe ermöglichten es den Händlern, Gelder von einem Konto auf ein anderes zu überweisen, ohne Münzen transportieren zu müssen.

In den folgenden Jahrhunderten entwickelten sich Banken zu formelleren und regulierteren Institutionen. Zentralbanken wurden geschaffen, um die nationalen Volkswirtschaften zu stabilisieren, während Geschäftsbanken begannen, eine breitere Palette von Finanzdienstleistungen anzubieten, wie

Hypothekendarlehen und Kreditkarten.

Große Bankenkrisen hatten ebenfalls einen bedeutenden
Einfluss auf die Geschichte der Banken. Die Finanzkrise von
1929 in den USA führte zur Insolvenz vieler Banken und zur
Gründung der Federal Deposit Insurance Corporation (FDIC),
eines Einlagensicherungssystems, das Bankeinlagen bis zu
einer bestimmten Grenze absichert. Im Jahr 2008 brachte
die weltweite Finanzkrise erhebliche Risiken im Bankgeschäft
ans Licht, wie risikoreiche Kredite und komplexe Derivate.

Die Entstehung moderner Banken

Die Entstehung moderner Banken ist ein bedeutsamer
Moment in der wirtschaftlichen und finanziellen Geschichte.
Dies geschah am Ende des Mittelalters, als der internationale
Handel erstmals zunahm. Zu dieser Zeit benötigten die
Händler Finanzierung für ihre Handelsgeschäfte, konnten
dies aber nicht mit eigenem Kapital tun. So entstanden die
ersten Banken.

Diese Banken waren oft familiengeführte Unternehmen,
geleitet von wohlhabenden und einflussreichen
Händlern. Sie begannen, finanzielle Dienstleistungen wie
Einlagenverwaltung, Geldtransfers und Geschäftskredite
anzubieten. Moderne Banken begannen auch, Banknoten
auszugeben, die oft gegen Gold oder Silber eingetauscht
werden konnten.

Moderne Banken erlebten ab dem 18. Jahrhundert einen
erheblichen Aufschwung mit der Industrialisierungsrevolution

und der Marktwirtschaft. Banken diversifizierten sich schnell und boten Dienstleistungen wie Vermögensverwaltung, Hypothekendarlehen und Versicherungen an.

Eine der bedeutendsten Entwicklungen im modernen Bankwesen war die Gründung von Zentralbanken. Diese Institutionen wurden geschaffen, um das Geldangebot in der Wirtschaft zu regulieren und Finanzkrisen zu verhindern. Die ersten Zentralbanken wurden im 17. Jahrhundert in Europa gegründet, aber im 20. Jahrhundert kam es zu einer erheblichen Expansion mit der Gründung der Federal Reserve in den USA und der Europäischen Zentralbank.

Die Einführung von Computertechnologie und digitalen Technologien hat auch den modernen Bankensektor verändert. Banken begannen Online-Dienste anzubieten und Technologien wie die Blockchain zur Verbesserung der Sicherheit und Geschwindigkeit von Transaktionen einzusetzen. Banken mussten sich auch an neue Vorschriften in Bezug auf Cybersicherheit und Datenschutz anpassen.

Große Banken- und Finanzkrisen

Große Banken- und Finanzkrisen haben die Geschichte der Weltwirtschaft geprägt und die Finanzsysteme der Länder stark beeinflusst. Sie hatten auch Auswirkungen auf das tägliche Leben der gewöhnlichen Bürger. Die berühmteste davon ist die Krise von 1929, die zur großen Depression führte und weltweit Auswirkungen hatte.

Die Krise von 1929 wurde durch eine spekulative Blase

an den Börsen und eine Überproduktion in der Industrie verursacht. Als die Blase platzte, verloren zahlreiche Investoren ihr gesamtes Geld und Unternehmen mussten massenhaft Arbeitskräfte entlassen. Dies führte zu einer Reduzierung der Nachfrage nach Gütern und Dienstleistungen und damit zu einer weltweiten Wirtschaftskrise.

Die weltweite Finanzkrise von 2008 wurde durch eine Immobilienblase in den USA verursacht, bei der Banken Hypothekendarlehen an Menschen vergaben, die sich diese nicht leisten konnten. Diese Darlehen wurden in komplexe Finanzprodukte namens «Subprime» gebündelt und auf den internationalen Finanzmärkten verkauft. Als die Immobilienblase platzte und die Kredite ausfielen, erlitten die Banken massive Verluste, was zu einem Vertrauensverlust im globalen Finanzsystem führte.

Diese Krisen verdeutlichen die Bedeutung einer wirkungsvollen Regulierung und Überwachung des Bankensektors. Seit der Krise von 2008 wurden zahlreiche Reformen zur Stärkung der Bankenregulierung und -überwachung umgesetzt. Vorschriften zur Bankenaufsicht wie die Baselvereinbarungen wurden verschärft, um die Solvenz und Liquidität der Banken zu verbessern. Einlagenversicherungs- und Krisenbewältigungssysteme wurden ebenfalls eingerichtet, um Kunden und Steuerzahler zu schützen.

Es ist wichtig zu beachten, dass Finanzkrisen nicht unausweichlich sind und finanzielle Stabilität durch angemessene Regulierung und Überwachung aufrechterhalten werden kann. Banken spielen eine entscheidende Rolle in der Wirtschaft, indem sie Unternehmen und Haushalte finanzieren, Geld schaffen und wesentliche Finanzdienstleistungen bereitstellen. Daher ist es entscheidend, ein stabiles und solides Bankensystem aufrechtzuerhalten, um nachhaltiges Wirtschaftswachstum und Wohlstand für alle zu gewährleisten.

Rolle und Funktionen von Banken in der Wirtschaft

Verknüpfung mit dem globalen Wirtschaftssystem

Banken sind wichtige Akteure im globalen Wirtschaftssystem. Sie interagieren mit Unternehmen, Privatpersonen und Regierungen, um wichtige Finanzdienstleistungen wie die Finanzierung der Wirtschaft, die Geldverwaltung und den Schutz vor finanziellen Risiken bereitzustellen. Ihre Rolle im Wirtschaftssystem ist entscheidend, da sie für die Schaffung und den Umlauf von Geld verantwortlich sind, was die Grundlage aller wirtschaftlichen Transaktionen bildet.

Banken interagieren auf verschiedene Weise mit der globalen Wirtschaft. Erstens bieten sie Finanzdienstleistungen für Unternehmen und Privatpersonen an, die in lokalen, regionalen und globalen Wirtschaftsräumen aktiv sind. Geschäftsbanken bieten Kredite und Darlehen an, um Unternehmen bei ihrem Start und ihrer Entwicklung zu unterstützen, während Investmentbanken Beratungs- und Finanzierungsdienstleistungen für große Unternehmen anbieten, die global expandieren möchten.

Banken interagieren auch mit Regierungen, indem sie Staatsanleihen kaufen und an Finanzierungsprogrammen teilnehmen, um Regierungen bei Infrastrukturprojekten und der Unterstützung der Wirtschaft zu helfen. Zentralbanken spielen eine besonders wichtige Rolle bei der Verknüpfung

mit dem globalen Wirtschaftssystem, da sie für die
Geldpolitik und die finanzielle Stabilität verantwortlich
sind. Sie intervenieren auf den Märkten, um Inflation und
wirtschaftliches Wachstum zu regulieren sowie finanzielle
Stabilität in Krisenzeiten aufrechtzuerhalten.

Banken interagieren auch mit den globalen Finanzmärkten.
Investmentbanken sind wichtige Akteure auf den
Finanzmärkten, wo sie Aktien, Anleihen und Derivate kaufen
und verkaufen. Geschäftsbanken nutzen die Finanzmärkte,
um sich zu finanzieren und Risiken im Zusammenhang mit
ihren Aktivitäten zu managen. Zentralbanken interagieren
ebenfalls mit den Finanzmärkten, indem sie Vermögenswerte
kaufen und verkaufen, um Inflation und wirtschaftliches
Wachstum zu regulieren.

Schließlich interagieren Banken auch mit anderen
Akteuren des globalen Wirtschaftssystems wie
internationalen Finanzinstitutionen, Regulierungsbehörden
und Aufsichtsorganen. Entwicklungsbanken arbeiten
beispielsweise mit internationalen Finanzinstitutionen
zusammen, um Langzeitfinanzierungen für
Entwicklungsländer bereitzustellen. Regulierungs- und
Aufsichtsbehörden arbeiten mit Banken zusammen, um
Transparenz, gute Governance und finanzielle Sicherheit im
globalen Wirtschaftssystem zu gewährleisten.

Schaffung und Verwaltung von Geld

Die Schaffung und Verwaltung von Geld stehen im
Mittelpunkt der Banktätigkeit. Banken schaffen Geld, indem

sie Kredite an Privatpersonen und Unternehmen vergeben und dabei eine strenge Bilanzführung gewährleisten. Diese Geldschöpfung ist ein komplexer Prozess, an dem mehrere Akteure beteiligt sind, darunter Zentralbanken, Regulierungsbehörden und Regierungen.

Geschäftsbanken sind die Hauptakteure bei der Geldschöpfung. Sie schaffen Geld, indem sie Kredite vergeben und den entsprechenden Betrag auf dem Konto ihres Kunden verbuchen. Wenn eine Bank beispielsweise einen Kredit vergibt, muss sie nicht über die entsprechenden Mittel verfügen. Stattdessen kann sie Geld schaffen, indem sie einfach den entsprechenden Betrag auf dem Konto ihres Kunden verbucht. Dies wird als Buchgeldschöpfung bezeichnet.

Diese Geldschöpfung hat einen großen Einfluss auf die Wirtschaft, da sie Investitionen und Projekte finanziert, die das wirtschaftliche Wachstum stimulieren. Allerdings kann sie auch negative Folgen haben, insbesondere in wirtschaftlichen oder finanziellen Krisenzeiten. Banken müssen daher in ihrer Geldverwaltung vorsichtig sein und ein Gleichgewicht zwischen Risiko und Rentabilität sicherstellen.

Zentralbanken spielen eine entscheidende Rolle in der Geldverwaltung. Sie sind dafür verantwortlich, die Menge an Geld, das in der Wirtschaft im Umlauf ist, zu regulieren, indem sie Zinssätze festlegen und Operationen auf den Finanzmärkten durchführen. Sie sind auch für die finanzielle Stabilität und den Verbraucherschutz zuständig.

Regulierungsbehörden spielen ebenfalls eine wichtige Rolle

in der Geldverwaltung. Sie stellen sicher, dass Banken Transparenz-, Governance- und Sicherheitsstandards einhalten, indem sie Eigenkapitalvorschriften einführen und Kredit-, Markt- und operative Risiken überwachen.

Schließlich haben Regierungen eine wichtige Rolle in der Geldverwaltung, insbesondere durch die Festlegung von Wirtschaftspolitiken, die das Wachstum stimulieren, die Inflation reduzieren und die Verbraucher schützen sollen.

Finanzierung der Wirtschaft

Die Finanzierung der Wirtschaft ist eine der Hauptaufgaben von Banken. Banken bieten Kredite und Darlehen an, um Unternehmen, Privatpersonen und Regierungen bei der Investition in Projekte und der Entwicklung ihrer Aktivitäten zu unterstützen. Banken sind Vermittler zwischen Sparern und Kreditnehmern, indem sie Einlagen sammeln und sie zur Finanzierung rentabler Projekte verwenden.

Geschäftsbanken sind die Hauptquelle der Finanzierung für Unternehmen. Sie vergeben kurzfristige Kredite, um den täglichen Liquiditätsbedarf zu decken, sowie mittel- und langfristige Kredite zur Finanzierung von Investitionsprojekten. Entwicklungsbanken spielen auch eine wichtige Rolle bei der Finanzierung langfristiger Projekte wie öffentlicher Infrastrukturen und sozialer Projekte.

Zentralbanken spielen ebenfalls eine entscheidende Rolle bei der Finanzierung der Wirtschaft, indem sie Zinssätze festlegen und geldpolitische Maßnahmen ergreifen, um wirtschaftliche Aktivitäten zu regulieren. In Krisenzeiten können Zentralbanken auch Notfallkredite an Geschäftsbanken bereitstellen.

Investmentbanken stellen Finanzierungen für Großunternehmen und Regierungen bereit, indem sie Anleihen und Aktien auf den Finanzmärkten emittieren. Sie bieten auch Beratungen zu Fusionen und Unternehmensumstrukturierungen an.

Genossenschaftsbanken sind Finanzinstitute, die ihren Mitgliedern gehören und von ihnen verwaltet werden. Sie bieten Bankdienstleistungen und Kredite zu günstigen Zinssätzen für kleine Unternehmen und Landwirte an.

Online-Banken und Neobanken sind neue Akteure auf dem Markt der Wirtschaftsfinanzierung. Sie bieten kostengünstige Bankdienstleistungen an und erleichtern den Zugang zu Finanzierungen für Privatpersonen und kleine Unternehmen.

Die Finanzierung der Wirtschaft ist von entscheidender Bedeutung für das Wirtschaftswachstum und die Innovation. Banken spielen eine zentrale Rolle bei der Bereitstellung von Mitteln für Investitionsprojekte. Dabei müssen sie jedoch Kredit- und Marktrisiken verwalten, um die finanzielle Stabilität sicherzustellen. Finanzregulierungsbehörden stellen sicher, dass Banken Transparenz- und Governance-Standards einhalten, um Einleger und Investoren zu schützen.

Verschiedene Arten von Banken

Geschäftsbanken

Geschäftsbanken sind Finanzinstitute, die grundlegende Bankdienstleistungen für Privatpersonen und Unternehmen anbieten. Sie unterliegen strengen Vorschriften, um die Sicherheit von Einlagen und die Stabilität des Finanzsystems zu gewährleisten.

Geschäftsbanken spielen eine entscheidende Rolle in der Wirtschaft, indem sie Einlagen mobilisieren, um Kredite an Kreditnehmer zu finanzieren, sei es an Privatpersonen oder Unternehmen. Diese Banken sammeln die Einlagen der Kunden, verwenden sie dann zur Vergabe von Krediten und generieren Zinsen.

Die von Geschäftsbanken angebotenen Bankdienstleistungen umfassen Giro- und Sparkonten, Darlehen und Kredite, Kreditkarten, Zahlungsdienste und elektronische Währungen. Kunden können über verschiedene Vertriebskanäle wie Geldautomaten, physische Filialen und Online-Plattformen auf diese Dienstleistungen zugreifen.

Geschäftsbanken sind auch verpflichtet, die mit ihren Aktivitäten verbundenen Risiken zu managen. Dazu gehört das Kreditrisiko, das Risiko, dass Kreditnehmer ihre Schulden nicht zurückzahlen, sowie das Marktrisiko, das operationelle Risiko, das Liquiditätsrisiko, das Zinsänderungsrisiko und das Wechselkursrisiko.

Geschäftsbanken werden von nationalen und internationalen Aufsichtsbehörden reguliert und überwacht, um sicherzustellen, dass diese Institutionen Transparenz- und Governance-Standards einhalten. Prudentielle Regulierungsbehörden wie Basel I, II und III wurden geschaffen, um die finanzielle Solidität von Banken zu stärken und systemische Risiken zu minimieren.

Geschäftsbanken werden oft für ihre mangelnde Transparenz und begrenzte soziale Verantwortung kritisiert. Einige Banken haben jedoch verantwortungsvolle Finanzpraktiken und sozial verantwortliche Investitionen (SRI) übernommen, um den Umwelt- und sozialen Anliegen ihrer Kunden gerecht zu werden.

Die Entwicklung von Fintechs und die Digitalisierung der Bankdienstleistungen haben eine signifikante Auswirkung auf Geschäftsbanken, die sich nun in einer immer konkurrenzfähigeren Umgebung anpassen müssen. Banken mussten innovieren und neue Produkte und Dienstleistungen anbieten, um in einem sich ständig verändernden Markt wettbewerbsfähig zu bleiben.

Investmentbanken

Investmentbanken sind Finanzinstitute, die sich auf Handelsaktivitäten, Fusionen und Übernahmen, Aktien- und Anleiheemissionen sowie Finanzstrategie-Beratung spezialisiert haben. Im Gegensatz zu Geschäftsbanken, die Einlagen und Kredite von Privatpersonen und Unternehmen verwalten, arbeiten Investmentbanken hauptsächlich mit großen Unternehmen und Finanzinstitutionen zusammen, um ihnen bei der Kapitalbeschaffung, dem Management finanzieller Risiken und komplexen Transaktionen zu helfen.

Investmentbanken entstanden im 19. Jahrhundert als Reaktion auf die wachsende Nachfrage nach finanzieller Expertise für große Unternehmen. Im Laufe der Zeit haben sich ihre Funktionen weiterentwickelt und sie sind zu wichtigen Akteuren auf den Finanzmärkten geworden, die Dienstleistungen wie Handel, Portfolioverwaltung und Anlageberatung anbieten.

Investmentbanken sind oft an komplexen Transaktionen beteiligt, wie Unternehmensfusionen und -übernahmen, Börsengängen, Anleiheemissionen und Derivaten. Sie nutzen ihr Fachwissen, um Unternehmen bei der Kapitalbeschaffung, Risikominderung und Gewinnmaximierung zu beraten.

Die Aktivitäten von Investmentbanken können jedoch auch Risiken für die Wirtschaft mit sich bringen, bedingt durch ihre Beteiligung an hochriskanten Handelsoperationen. Daher unterliegen sie strengen regulatorischen Vorgaben der Finanzbehörden, insbesondere in Bezug auf Kapitalisierung und Risikomanagement.

Letztendlich spielen Investmentbanken eine wichtige Rolle bei der Funktionsweise der Finanzmärkte und der Wirtschaft im Allgemeinen. Ihre finanzielle Expertise und ihre Fähigkeit, komplexe Finanzlösungen anzubieten, sind für große Unternehmen und Finanzinstitutionen von großem Wert. Die Teilnahme an hochriskanten Marktaktivitäten unterstreicht jedoch die Bedeutung von Regulierung und Aufsicht zur

Verhinderung von Finanzkrisen.

Zentralbanken

Zentralbanken spielen eine entscheidende Rolle in der
Weltwirtschaft. Ihre Hauptaufgabe besteht darin, die
Geldpolitik zu steuern, um Preisstabilität und wirtschaftliches
Wachstum zu gewährleisten. Zentralbanken haben auch die
Verantwortung, das Banken- und Finanzsystem ihres Landes
zu überwachen und den Geldmarkt zu regulieren.

Zentralbanken haben sich im Laufe der Zeit von
Handelsbanken zu unabhängigen Regierungsorganisationen
entwickelt. Die meisten Zentralbanken wurden im 19.
Jahrhundert gegründet, um nationale Bankensysteme
zu regulieren, aber ihre Rolle hat sich erweitert, um die
Geldpolitik und die finanzielle Stabilität einzubeziehen.

Die Europäische Zentralbank (EZB) ist ein Beispiel für eine
Zentralbank, die gegründet wurde, um eine gemeinsame
Währung zu regulieren. Sie wurde 1998 gegründet, um den
Euro zu verwalten und finanzielle Stabilität in der Eurozone
zu fördern. Die EZB ist für die Festlegung und Umsetzung
der Geldpolitik in der Eurozone in Zusammenarbeit mit den
nationalen Zentralbanken zuständig.

Zentralbanken nutzen verschiedene Instrumente, um die
Geldpolitik zu beeinflussen. Sie können die Zinssätze ändern,
Wertpapiere auf dem Geldmarkt kaufen und verkaufen
sowie die Mindestreserven für Geschäftsbanken regulieren.
Zentralbanken können auch auf den Devisenmärkten

intervenieren, um Wechselkurse zu stabilisieren.

Die Geldpolitik hat einen bedeutenden Einfluss auf die Wirtschaft, insbesondere auf Inflation, Arbeitslosigkeit und wirtschaftliches Wachstum. Daher müssen Zentralbanken eng mit der Regierung und anderen Wirtschaftsakteuren zusammenarbeiten, um ihre Ziele der Geldpolitik zu erreichen.

Zentralbanken sind auch für die Überwachung und Regulierung von Geschäftsbanken und Finanzinstitutionen verantwortlich. Sie setzen Standards für Solvenz und Liquidität und stellen sicher, dass die Finanzinstitutionen Vorschriften zur Geldwäsche und Terrorismusfinanzierung einhalten.

Schließlich spielen Zentralbanken eine entscheidende Rolle bei der Vorbeugung und Bewältigung von Finanzkrisen. Sie können Notdarlehen an Geschäftsbanken bereitstellen und Maßnahmen ergreifen, um die Finanzstabilität in Krisenzeiten zu gewährleisten.

Entwicklungsbanken

Entwicklungsbanken sind Finanzinstitutionen, die sich auf die Finanzierung von wirtschaftlichen und sozialen Projekten zur Förderung der Entwicklung in Entwicklungsländern spezialisiert haben. Ihr Ziel ist es, das wirtschaftliche Wachstum zu unterstützen, indem sie Infrastrukturprojekte, landwirtschaftliche Entwicklungsprogramme, Energieprojekte, Unternehmensgründungen und andere Projekte finanzieren, die einen positiven Einfluss auf die Gesellschaft haben.

Entwicklungsbanken können nationale oder internationale Institutionen sein. Nationale Institutionen werden in der Regel von Regierungen gegründet, um die wirtschaftliche und soziale Entwicklung ihres Landes zu unterstützen. Internationale Institutionen hingegen werden von mehreren Regierungen oder internationalen Organisationen geschaffen, um Projekte in verschiedenen Ländern zu finanzieren.

Die Finanzierung durch Entwicklungsbanken ist oft günstiger als die von traditionellen Geschäftsbanken, da diese Institutionen privilegierten Zugang zu kostengünstigen Finanzierungsquellen wie Staatsfonds, institutionellen Investoren und Zentralbanken haben.

Entwicklungsbanken bieten auch Darlehen zu niedrigen Zinssätzen, Zuschüsse und Garantien an, um Unternehmen bei der Beschaffung von Finanzmitteln für ihre Projekte zu unterstützen. Diese Institutionen können den Empfängern von Finanzierungen auch technische Unterstützung bieten, um ihre Projekte effektiv zu entwickeln.

Projekte, die von Entwicklungsbanken finanziert werden, haben häufig positive Auswirkungen auf die lokale Wirtschaft, da sie Arbeitsplätze schaffen, das wirtschaftliche Wachstum ankurbeln und die Lebensqualität der lokalen Bevölkerung verbessern. Darüber hinaus können Entwicklungsbanken dazu beitragen, die Kapazitäten lokaler öffentlicher Einrichtungen zu stärken, indem sie technische Unterstützung für die Verbesserung von öffentlichen Politiken und Managementpraktiken bereitstellen.

Schließlich können Entwicklungsbanken eine wichtige Rolle bei der Verwirklichung der nachhaltigen Entwicklungsziele der Vereinten Nationen spielen, indem sie Projekte unterstützen, die einen positiven Einfluss auf Umwelt, Gesundheit, Bildung, Geschlechtergleichstellung und Armutsbekämpfung haben.

Genossenschaftsbanken

Genossenschaftsbanken sind Finanzinstitutionen, die sich dadurch auszeichnen, dass sie von ihren Mitgliedern, oft Kunden, die eine enge Beziehung zur Bank haben und gemeinsame Interessen haben, besessen und verwaltet werden. Im Gegensatz zu anderen Banktypen, deren Ziel es ist, die Gewinne ihrer Aktionäre zu maximieren, sind Genossenschaftsbanken gemeinnützige Organisationen, deren Mission es ist, die Interessen ihrer Mitglieder und der Gemeinschaft zu bedienen.

Genossenschaftsbanken wurden Ende des 19. Jahrhunderts gegründet, um Landwirten und landwirtschaftlichen Genossenschaften den Zugang zu Bankdienstleistungen zu erleichtern. Heute sind diese Banken in vielen Ländern vertreten, hauptsächlich in Europa und Nordamerika, und sind oft in kooperativen Netzwerken zusammengeschlossen, die die gleichen Werte und Prinzipien teilen.

Das genossenschaftliche Modell basiert auf der aktiven, demokratischen Beteiligung der Mitglieder an der Bankführung. Die Mitglieder wählen die Verwaltungsräte der Bank und haben das Recht, über wichtige Entscheidungen, die sie betreffen, abzustimmen. Die Gewinne der Bank werden den Mitgliedern in Form von Dividenden oder verbesserten Dienstleistungen zurückgegeben.

Genossenschaftsbanken sind oft näher an ihrer Gemeinschaft und ihren Kunden dran als andere Banktypen. Sie bieten oft Produkte und Dienstleistungen an, die auf lokale Bedürfnisse zugeschnitten sind, wie Kredite für kleine Unternehmen oder Mikrofinanzdienstleistungen für einkommensschwache Personen. Sie können auch eine wichtige Rolle bei der Finanzierung von lokalen und nachhaltigen Entwicklungsprojekten spielen.

Genossenschaftsbanken haben oft strengere ethische und soziale Standards als andere Banktypen. Sie können Politiken haben, die die Finanzierung umstrittener Branchen wie Rüstung, Tabak oder fossile Energien ausschließen. Sie können sich auch für nachhaltige Entwicklungs- und Armutsbekämpfungsprojekte engagieren.

Online-Banken und Neobanken

In einer zunehmend digitalen Welt werden Online-Banken und Neobanken bei Verbrauchern immer beliebter. Online-Banken sind Finanzinstitute, die ausschließlich Online-Bankdienstleistungen ohne physische Infrastruktur anbieten, während Neobanken Finanzstartups sind, die vollständig digitale Bankdienstleistungen anbieten.

Online-Banken und Neobanken unterscheiden sich von traditionellen Banken, indem sie schnelle, bequeme und kostengünstige Dienstleistungen anbieten. Kunden können

grundlegende Bankgeschäfte wie Rechnungszahlungen,
Geldtransfers und Kontoverwaltung von ihrem Computer oder
Mobiltelefon aus durchführen, ohne physisch eine Filiale
besuchen zu müssen.

Allerdings bergen Online-Banken und Neobanken auch
Risiken für Verbraucher, wie die Sicherheit von Daten und
Transaktionen sowie die Verfügbarkeit von Kundendienst
bei technischen Problemen. Es ist daher wichtig, dass die
Kunden renommierte und vertrauenswürdige Finanzinstitute
wählen.

Darüber hinaus bieten Online-Banken und Neobanken
möglicherweise nicht die gleichen Vorteile wie traditionelle
Banken, wie günstige Kredite oder maßgeschneiderte
Finanzberatungsdienstleistungen. Kunden sollten daher die
Kosten und Vorteile dieser Dienstleistungen abwägen, bevor
sie sich für ein Finanzinstitut entscheiden.

Schließlich konkurrieren Online-Banken und Neobanken
mit traditionellen Banken, was zu einer Veränderung des
Bankensektors insgesamt führen könnte. Traditionelle
Banken könnten gezwungen sein, ihre Kosten zu senken
und fortschrittlichere Technologien zu übernehmen,
um wettbewerbsfähig zu bleiben, was den Kunden
zugutekommen könnte.

Struktur und Funktion der Banken

Interne Organisation

Die interne Organisation der Banken ist ein Schlüsselelement für ihre effiziente Funktionsweise und ihren Erfolg. Banken haben eine komplexe Struktur, die aus mehreren Abteilungen und funktionalen Einheiten besteht. Diese Struktur ist darauf ausgelegt, das Bankgeschäft optimal zu managen und qualitativ hochwertige Dienstleistungen für Kunden anzubieten.

Die meisten großen Banken haben eine ähnliche Organisationstruktur mit drei Ebenen: strategische Ebene, taktische Ebene und operative Ebene. Die strategische Ebene ist für die Gesamtleitung der Bank, die Entwicklung von Richtlinien und langfristigen Zielen verantwortlich. Die taktische Ebene kümmert sich um die Planung und Umsetzung der Bankstrategien, während die operative Ebene für die Durchführung des täglichen Geschäftsbetriebs zuständig ist.

Jede Abteilung der Bank ist für spezifische Funktionen verantwortlich. Die Abteilung für Banktransaktionen befasst sich zum Beispiel mit der Verwaltung von täglichen Transaktionen wie Einlagen, Abhebungen, Überweisungen und Kontoführung. Die Kreditabteilung hingegen ist für die Kreditverwaltung, Risikobewertung und Bonitätsprüfung von Kreditnehmern verantwortlich. Die Finanzabteilung ist für die Verwaltung von Bankaktiva und -verbindlichkeiten, die Budgetplanung und das Risikomanagement zuständig.

Die interne Organisation der Banken umfasst auch eine
Personalabteilung, die für die Mitarbeiterrekrutierung,
-ausbildung und -entwicklung zuständig ist. Die Compliance-
Abteilung ist dafür verantwortlich, sicherzustellen, dass
die Bank alle gesetzlichen Bestimmungen zur Einhaltung,
Geldwäschebekämpfung und internationalen Standards
erfüllt.

Interne Kommunikation ist entscheidend, um die
Koordination zwischen den verschiedenen Abteilungen
sicherzustellen und sicherzustellen, dass die Ziele der
Bank erreicht werden. Regelmäßige Meetings, Berichte
und Bewertungen sind Kommunikationsinstrumente, die zu
diesem Ziel eingesetzt werden.

Die Unternehmenskultur ist schließlich ein wichtiger
Bestandteil der internen Organisation von Banken. Die
Werte und Vision der Bank werden den Mitarbeitern
durch Schulungen, Kommunikation und Belohnung von
Verhaltensweisen vermittelt, die mit den Werten und der
Vision der Bank übereinstimmen.

Vertriebskanäle

Die Vertriebskanäle sind einer der Schlüsselaspekte des
Bankbetriebs. Diese Kanäle ermöglichen es Kunden, mit der
Bank zu interagieren, auf ihre Produkte und Dienstleistungen
zuzugreifen und finanzielle Transaktionen durchzuführen.

Traditionelle Vertriebskanäle umfassen physische Filialen,
die in der Regel strategisch günstig gelegen sind, um Kunden

einen einfachen Zugang zu ermöglichen. Physische Filialen ermöglichen es Kunden, direkt mit einem Bankberater zusammenzutreffen, ihre finanziellen Bedürfnisse zu besprechen und Transaktionen abzuschließen. Physische Filialen bieten auch zusätzliche Dienstleistungen wie Geldautomaten, Einzahlungsautomaten und Schalter an.

Mit dem Fortschritt der Technologie haben Banken jedoch begonnen, digitale Vertriebskanäle zu nutzen, um ein breiteres Publikum zu erreichen und effizientere Dienstleistungen anzubieten. Digitale Vertriebskanäle umfassen Bankwebsites, mobile Anwendungen, Online-Banking-Plattformen und Chatbots.

Bankwebsites bieten Kunden einen einfachen Zugang zu Informationen über Produkte und Dienstleistungen der Bank sowie zu Zinssätzen und Kreditkonditionen. Mobile Anwendungen ermöglichen es Kunden, ihre Bankkonten zu verwalten, Rechnungen zu bezahlen und Geld von ihrem Smartphone oder Tablet aus zu überweisen.

Online-Banking-Plattformen bieten ein umfassendes Bankerlebnis ohne direkte Unterstützung eines Bankberaters. Kunden können online ein Konto eröffnen, Transaktionen durchführen, ihr Portfolio verwalten und ihr Geld investieren. Chatbots sind virtuelle Assistenten mit künstlicher Intelligenz, die Kunden bei einfachen Fragen zu ihren Bankkonten unterstützen oder relevante Produkte und Dienstleistungen finden können.

Darüber hinaus bieten digitale Vertriebskanäle zusätzliche Vorteile für Kunden, wie schnellere Antworten, geringere

Kosten und zusätzliche Funktionen wie Budget- und
Finanzplanungstools.

Vertriebskanäle sind daher ein entscheidender Bestandteil
des Bankbetriebs, da sie effiziente Möglichkeiten
bieten, finanzielle Produkte und Dienstleistungen einem
breiten Publikum anzubieten. Banken müssen sich
den technologischen Entwicklungen anpassen, um den
Bedürfnissen ihrer Kunden gerecht zu werden und ein
benutzerfreundliches und transparentes Bankerlebnis zu
bieten.

Risikomanagement

Das Risikomanagement ist ein wesentlicher Bestandteil des
Bankgeschäfts. Banken müssen eine Vielzahl verschiedener
Risiken managen, um die Sicherheit ihrer Kunden,
Mitarbeiter, Investitionen und des gesamten Finanzsystems
zu gewährleisten.

Die Risiken, denen Banken ausgesetzt sind, können in
mehrere Kategorien eingeteilt werden, darunter Kreditrisiko,
Marktrisiko, operationelles Risiko, Liquiditätsrisiko, Zinsrisiko
und Wechselkursrisiko. Jede Art von Risiko weist spezifische
Herausforderungen auf und erfordert ein entsprechendes
Risikomanagement.

Das Risikomanagement beginnt mit der Identifizierung
und Bewertung dieser Risiken. Banken müssen die
Wahrscheinlichkeiten und potenziellen Auswirkungen jeder
Art von Risiko bestimmen, um angemessene Präventions-

und Kontrollmaßnahmen zu treffen.

Banken nutzen auch Risikomanagementtechniken wie Diversifikation und Absicherung, Verbriefung, den Einsatz von Derivaten, Modellierung und Stresstests, um potenzielle Risiken zu minimieren.

Das Risikomanagement darf jedoch nicht als einmalige Aktivität betrachtet werden. Es muss in die gesamte Organisation integriert sein und eine dauerhafte Sorge für Banken darstellen. Eine Risikomanagementkultur muss in die Werte und Praktiken des Unternehmens eingebettet sein.

Darüber hinaus spielen Regulierungsbehörden und Aufsichtsorgane eine wichtige Rolle bei der Risikomanagement durch Überwachung und Durchsetzung angemessener Regulierungs- und Aufsichtsnormen. Transparenz- und Governance-Standards sind ebenfalls wichtig, um die Verantwortung der Banken gegenüber ihren Kunden und der Gesellschaft insgesamt zu gewährleisten.

Schließlich ist zu beachten, dass das Risikomanagement ein sich ständig weiterentwickelnder Bereich ist, der neue aufkommende Risiken wie Cybersicherheit und Umweltrisiken aufweist. Banken müssen über Entwicklungen und Trends auf dem Laufenden bleiben, um ihre Fähigkeit zur effektiven Risikomanagement aufrechtzuerhalten.

Rentabilität und finanzielle Performance

Die Rentabilität und finanzielle Performance von Banken sind entscheidende Elemente für ihr langfristiges Überleben und Wachstum in einer zunehmend wettbewerbsintensiven Wirtschaftsumgebung. Banken müssen bestrebt sein, ihre Gewinne zu maximieren und gleichzeitig Risiken effektiv zu managen.

Die Rentabilität wird durch das Verhältnis des Eigenkapitalrendite (ROE) und des Gesamtvermögensrendite (ROA) gemessen. ROE misst den Nettogewinn im Verhältnis zum Eigenkapital, während ROA den Nettogewinn im Verhältnis zum Gesamtvermögen misst. Diese Kennzahlen ermöglichen es, die Effizienz zu messen, mit der Banken ihr Eigenkapital und ihre Vermögenswerte nutzen, um Gewinne zu erzielen.

Um ihre Rentabilität zu steigern, müssen Banken ihre Einnahmen maximieren und gleichzeitig ihre Kosten minimieren. Einnahmen können durch Wachstum bei Krediten, Provisionen und Handelserträgen gesteigert werden. Kosten können durch besseres Kostenmanagement und Optimierung des Risikomanagements reduziert werden.

Die finanzielle Performance wird auch durch andere Kennzahlen wie Liquiditäts- und Solvenzquoten gemessen. Die Liquiditätsquote misst die Fähigkeit der Bank, kurzfristige Zahlungsverpflichtungen zu erfüllen, während die Solvenzquote die Fähigkeit der Bank, potenzielle Verluste zu bewältigen, misst.

Um ihre finanzielle Performance zu verbessern, müssen Banken bestrebt sein, ihre operationelle Effizienz zu steigern, Risiken effektiv zu managen und angemessene Liquiditäts- und Solvenzquoten aufrechtzuerhalten. Banken können auch versuchen, ihr Produktportfolio zu diversifizieren und neue Produkte und Dienstleistungen zu entwickeln, um den sich ändernden Bedürfnissen ihrer Kunden gerecht zu werden.

Es ist wichtig zu beachten, dass Rentabilität und finanzielle Performance von Banken nicht auf Kosten von Ethik und sozialer Verantwortung erzielt werden dürfen. Banken müssen sich zur Einhaltung höchster ethischer und Umweltstandards verpflichten, während sie gleichzeitig versuchen, ihre Rentabilität zu maximieren.

Bankdienstleistungen und Produkte

Girokonten und Spareinlagen

Girokonten und Spareinlagen sind grundlegende Bankprodukte, die von den meisten Banken angeboten werden. Girokonten werden für den täglichen Zahlungsverkehr genutzt, während Spareinlagen zur Geldersparnis dienen.

Girokonten ermöglichen Einzahlungen, Abhebungen, Zahlungen per Scheck oder Kreditkarte. Girokonten können auch zusätzliche Funktionen wie elektronische Überweisungen und Kontostandsbenachrichtigungen bieten.

Spareinlagen werden genutzt, um Geld für zukünftige Projekte oder unvorhergesehene Ausgaben zu sparen. Diese Konten können einen höheren Zinssatz als Girokonten bieten, sodass man Geld mit seinem ersparten Geld verdienen kann. Einige Spareinlagenkonten können auch Mindesteinlage- und Abzugseinschränkungen haben.

Banken bieten auch anspruchsvollere Spareinlagenprodukte wie Festgeldkonten und Sparkonten an. Festgeldkonten sind Spareinlagen mit einem festen Zinssatz für einen bestimmten Zeitraum. Sparkonten hingegen sind Spareinlagen mit variablem Zinssatz, können aber steuerliche Vorteile bieten.

Es ist wichtig, die Angebote verschiedener Finanzinstitute

zu vergleichen, um das passende Spareinlagenprodukt zu finden. Zinssätze, Gebühren und Bedingungen können von Bank zu Bank erheblich variieren.

Es ist auch wichtig, sich daran zu erinnern, dass Sparen ein wichtiger Teil der finanziellen Planung ist. Durch regelmäßiges Sparen kann man einen Notfallfonds aufbauen, um unvorhergesehene Ereignisse wie Arbeitslosigkeit oder Krankheitskosten zu bewältigen. Ersparnisse können auch für langfristige finanzielle Ziele wie den Kauf eines Hauses oder die Rente genutzt werden.

Darlehen und Kredite

Die Vergabe von Darlehen und Krediten ist eine der Hauptaufgaben von Banken. Darlehen und Kredite ermöglichen es Einzelpersonen und Unternehmen, Waren und Dienstleistungen zu erwerben, während die Bank die Möglichkeit hat, Einnahmen zu generieren. In diesem Abschnitt werden wir uns ausführlich mit den verschiedenen Arten von Darlehen und Krediten befassen, die von Banken angeboten werden, und den Auswirkungen ihrer Nutzung.

Zunächst ist es wichtig, den Unterschied zwischen Darlehen und Krediten zu verstehen. Ein Darlehen ist eine von der Bank verliehene Geldsumme, die über einen festgelegten Zeitraum mit Zinsen zurückgezahlt werden muss. Ein Kredit hingegen ist eine Geldsumme, die dem Kreditnehmer zur Verfügung gestellt wird und nach Bedarf genutzt werden kann. Es werden nur Zinsen für den tatsächlich genutzten Betrag berechnet.

Darlehen und Kredite werden in der Regel in zwei Kategorien unterteilt: Verbraucherdarlehen und Unternehmenskredite. Verbraucherdarlehen sind für Einzelpersonen bestimmt, um persönliche Ausgaben wie den Kauf eines Autos, Immobilien oder Urlaubsreisen zu finanzieren. Unternehmenskredite hingegen sind für Unternehmen bestimmt, um ihre geschäftlichen Aktivitäten wie den Kauf von Ausrüstung, Lagerbeständen oder Betriebskapital zu finanzieren.

Es gibt auch Hypothekendarlehen, die zur Finanzierung des Kaufs einer Immobilie genutzt werden. Hypothekendarlehen können einen festen oder variablen Zinssatz haben, je nach Vorlieben des Kreditnehmers. Studentendarlehen sind ebenfalls üblich und werden zur Finanzierung des Universitätsstudiums genutzt.

Banken bieten auch eine Vielzahl von Krediten für Unternehmen an, wie beispielsweise Betriebsmittelkredite zur Finanzierung des täglichen Liquiditätsbedarfs, Leasingverträge zur Anschaffung von Ausrüstung und Kreditlinien für langfristige Projekte. Banken können auch Verbraucherkredite für unvorhergesehene Ausgaben wie Autoreparaturen oder medizinische Kosten anbieten.

Darlehen und Kredite unterliegen Zinssätzen, die je nach Bonität des Kreditnehmers, Art des Darlehens oder Kredits und dem von der Bank wahrgenommenen Risiko variieren. Die Zinssätze können fest oder variabel sein, abhängig von der Laufzeit des Darlehens oder Kredits und der Marktsituation.

Investment- und Vermögensverwaltungsdienstleistungen

Investment- und Vermögensverwaltungsdienstleistungen sind wichtige Bereiche des Bankwesens. Sie zielen darauf ab, Kunden dabei zu unterstützen, ihre Investitionen und Vermögenswerte zur Erreichung ihrer finanziellen Ziele zu verwalten. Investmentdienstleistungen umfassen eine Reihe von Produkten wie Aktien, Anleihen, Investmentfonds, Derivate usw., die es Kunden ermöglichen, ihr Portfolio zu diversifizieren und eine optimale Rendite auf ihre Investitionen zu erzielen. Die Vermögensverwaltung umfasst Dienstleistungen wie Steuerplanung, Nachlassplanung, Schuldenmanagement und Liquiditätsmanagement.

Banken bieten in der Regel Investment- und Vermögensverwaltungsdienstleistungen für vermögende Kunden an, die eine persönliche Betreuung bei der Verwaltung ihrer Vermögenswerte und Investitionen benötigen. Investment- und Vermögensberater der Banken helfen Kunden dabei, das Angebot an Finanzprodukten zu verstehen, ihr Risikoprofil zu bewerten und einen langfristigen Investitionsplan in Einklang mit ihren finanziellen Zielen zu entwickeln.

Es ist wichtig zu betonen, dass Investment- und Vermögensverwaltungsdienstleistungen nicht nur vermögenden Kunden vorbehalten sind. Banken bieten auch Online-Investmentdienstleistungen und Investmentfonds, die für alle Arten von Anlegern zugänglich sind, unabhängig von ihrem Vermögensniveau. Diese Produkte sind oft kostengünstiger als herkömmliche

Investmentdienstleistungen und eine interessante Option für
Anfängeranleger.

Die Vermögensverwaltung kann auch eine tragfähige
Option für Anleger jeden Niveaus sein. Banken bieten
oft Finanzplanungsdienstleistungen an, um Kunden
bei der Entwicklung eines auf ihre finanzielle Situation
zugeschnittenen Vermögensverwaltungsplans zu helfen.
Finanzberater können Kunden bei Themen wie Versicherung,
Steuern und Nachlassplanung unterstützen, um
sicherzustellen, dass ihr Vermögen optimal verwaltet wird.

Zahlungs- und E-Währungsdienstleistungen

Zahlungs- und E-Währungsdienstleistungen haben in den
letzten Jahren dank der Entwicklung von Technologie und
des Wandels im Konsumverhalten einen rapiden Aufschwung
erlebt. Banken spielen in diesen Bereichen eine wichtige
Rolle, indem sie innovative Dienstleistungen und Produkte
anbieten, um den Bedürfnissen ihrer Kunden gerecht zu
werden.

Elektronische Zahlungsdienste haben sich weiterentwickelt
und bieten eine Vielzahl von Lösungen für die Bedürfnisse
von Unternehmen und Einzelpersonen. Internationale
Geldtransfers, mobile Zahlungen und E-Geldbörsen gehören
zu den beliebtesten Dienstleistungen. Internationale
Geldtransfers haben dazu beigetragen, die Kosten und die
Überweisungsdauer erheblich zu reduzieren und den Handel
und den Geldtransfer zwischen Familienmitgliedern in
verschiedenen Ländern zu erleichtern. Mobile Zahlungen und

E-Geldbörsen bieten auch eine erhöhte Bequemlichkeit für Online-Einkäufe und alltägliche Transaktionen.

E-Zahlungen sind eine weitere wichtige Innovation im Bereich der Zahlungsdienstleistungen. Sie wird oft als Alternative zur traditionellen Währung betrachtet, da sie elektronisch gespeichert und für Online-Einkäufe oder Geldtransfers verwendet werden kann. E-Währungen werden häufig mit Prepaid-Karten oder mobilen Apps kombiniert, die es den Nutzern ermöglichen, elektronische Guthaben zu speichern und für Zahlungen zu verwenden.

Banken spielen eine wichtige Rolle bei der Entwicklung von E-Währungen, indem sie Zahlungs- und Überweisungslösungen anbieten. Sie stellen auch Sicherheitsdienste zur Verfügung, um die Vertraulichkeit und Sicherheit sensibler finanzieller Informationen zu gewährleisten. Banken haben auch ihr Serviceangebot erweitert, um Treueprogramme und Geldrückzahlungen für Transaktionen mit Kredit- und Debitkarten anzubieten.

Darüber hinaus haben Banken Partnerschaften mit Zahlungstechnologieanbietern entwickelt, um innovative Online- und Mobile-Zahlungslösungen anzubieten. Einige Banken haben beispielsweise mobile Zahlungsprogramme eingeführt, mit denen Benutzer ihre Einkäufe mit ihrem Mobiltelefon bezahlen können. Andere Banken haben Online-Zahlungssysteme eingeführt, mit denen Kunden Rechnungen bezahlen und Geld online überweisen können.

Versicherungen und Derivate

Versicherungen und Derivate sind Finanzinstrumente, die in den letzten Dekaden stark gewachsen sind. Versicherungen dienen dazu, das Risiko eines unvorhergesehenen Ereignisses (wie ein Unfall, ein Brand oder eine Krankheit) von einer Person oder einem Unternehmen auf eine Versicherungsgesellschaft gegen Bezahlung einer Prämie zu übertragen. Derivate hingegen sind finanzielle Verträge, deren Wert von einem zugrunde liegenden Vermögenswert (wie Aktien, Rohstoffen oder Währungen) abhängt.

Versicherungen werden eingesetzt, um Risiken im Zusammenhang mit wirtschaftlichen, sozialen und Umweltaktivitäten abzudecken. Lebensversicherungen beispielsweise dienen der Absicherung der Familie im Falle von Tod oder Invalidität. Autoversicherungen hingegen decken die Kosten für Reparatur und Ersatz von Fahrzeugen im Falle eines Unfalls ab. Wohngebäudeversicherungen schützen vor Schäden am Haus und dessen Gütern.

Derivate hingegen werden genutzt, um finanzielle und spekulative Risiken abzusichern. Future-Kontrakte zum Beispiel ermöglichen es, einen Preis für ein zugrunde liegendes Gut zu einem zukünftigen Zeitpunkt festzulegen. Optionen hingegen geben das Recht (aber nicht die Verpflichtung) zum Kauf oder Verkauf eines zugrunde liegenden Vermögenswerts zu einem festgelegten Preis zu einem bestimmten Zeitpunkt.

Derivate können auch verwendet werden, um auf Bewegungen der Finanzmärkte zu spekulieren. Hedgefonds nutzen beispielsweise oft Derivate, um hohe Renditen zu erzielen, indem sie Long- oder Short-Positionen auf den Finanzmärkten eingehen.

Versicherungen und Derivate haben Vor- und Nachteile. Versicherungen ermöglichen die Übertragung von Risiken und schützen die Parteien vor finanziellen Verlusten. Die Prämien können jedoch teuer sein, insbesondere wenn das Risiko hoch ist. Derivate können dabei helfen, finanzielle Risiken zu managen und hohe Renditen zu erzielen, können aber auch sehr riskant sein und zu erheblichen Verlusten führen.

Regulierung und Bankenaufsicht

Nationale und internationale Regulierungsbehörden

Nationale und internationale Regulierungsbehörden spielen eine entscheidende Rolle bei der Überwachung und Regulierung des Bankensektors. Diese Behörden sind für die Aufrechterhaltung der finanziellen Stabilität, den Schutz der Verbraucher und die Vorbeugung systemischer Risiken zuständig.

Auf internationaler Ebene sind die wichtigsten Regulierungsbehörden die Bank für Internationalen Zahlungsausgleich (BIZ), das Basler Ausschuss für Bankenaufsicht, der Internationale Währungsfonds (IWF) und die Organisation für wirtschaftliche Zusammenarbeit und Entwicklung (OECD). Diese Behörden haben Standards und Vorschriften entwickelt, um die finanzielle Stabilität zu gewährleisten, Risiken zu reduzieren und die Transparenz im Bankensektor zu stärken.

Insbesondere der Basler Ausschuss für Bankenaufsicht hat drei Bankenregulierungsabkommen entwickelt, bekannt als Basel I, Basel II und Basel III. Diese Abkommen haben internationale Standards für die Eigenkapitalausstattung, Liquidität und Risikomanagement der Banken festgelegt.

Auf nationaler Ebene verfügt jedes Land über seine eigene Regulierungsbehörde. In Frankreich ist dies die Autorité de contrôle prudentiel et de résolution (ACPR), die für die

Überwachung von Banken und Versicherungen zuständig ist. In den USA reguliert die Federal Reserve das Banken- und Finanzwesen.

Nationale und internationale Regulierungsbehörden haben auch Mechanismen zur Überwachung und Bewältigung von Bankenkrisen eingeführt. Einlagensicherungssysteme ermöglichen es Einlegern, ihr Geld im Falle einer Bankenpleite zurückzuerhalten. Mechanismen zur Bewältigung von Bankenkrisen sollen die Ausbreitung systemischer Risiken verhindern und die finanzielle Stabilität erhalten.

Aufsichtsregeln (Basel I, II, III)

Aufsichtsregeln sind Normen, die darauf abzielen, die von Banken eingegangenen Risiken zu begrenzen und die finanzielle Stabilität sicherzustellen. Diese aufsichtsrechtlichen Vorschriften wurden als Reaktion auf die Finanzkrise von 2008 entwickelt, die die Schwachstellen des Bankensystems offenbart hat. Die wichtigsten aufsichtsrechtlichen Vorschriften sind die Basel I, II und III Abkommen.

Basel I, veröffentlicht im Jahr 1988, legt die Eigenkapitalanforderungen fest, die Banken haben müssen, um Kreditrisiken abzudecken. Diese Vorschriften wurden eingeführt, um sicherzustellen, dass Banken über eine solide Kapitalbasis verfügen, um unvorhergesehene Verluste zu bewältigen. Basel I wurde 1996 überarbeitet, um Eigenkapitalanforderungen für Marktrisiken und operationelle

Risiken einzubeziehen.

Basel II, veröffentlicht im Jahr 2004, verbessert Basel
I. Es führt eine neue Methode zur Berechnung der
Eigenkapitalanforderungen für Kreditrisiken ein, die
die Kreditqualität, Laufzeit und Gegenparteirisiken
berücksichtigt. Basel II ermutigt auch Banken, ein eigenes
Kreditrisikobewertungssystem zu entwickeln.

Basel III, veröffentlicht im Jahr 2010, ist eine
Reaktion auf die Finanzkrise von 2008. Es stärkt die
Eigenkapitalanforderungen für Banken und führt neue
Liquiditäts- und Hebelnormen ein. Basel III verlangt auch von
Banken, das Gegenparteirisiko und das Liquiditätsrisiko bei
der Eigenkapitalverwaltung zu berücksichtigen.

Aufsichtsregeln haben zum Ziel, die finanzielle Stabilität
sicherzustellen und die von Banken eingegangenen Risiken
zu begrenzen. Sie ermutigen Banken, eine solide Kapitalbasis
für unvorhergesehene Risiken aufrechtzuerhalten, robuste
Risikomanagementsysteme zu implementieren und
Liquiditäts- und Hebelnormen einzuhalten.

Allerdings sind diese Vorschriften nicht unfehlbar. Sie können
manchmal umgangen oder falsch angewendet werden. Zum
Beispiel können Banken riskante Praktiken durch den Einsatz
komplexer Finanzinstrumente betreiben oder versuchen,
die Eigenkapitalanforderungen zu umgehen. Daher ist es
wichtig, dass die Regulierungsbehörden wachsam bleiben
und effektive Kontroll- und Überwachungsmechanismen
einführen, um sicherzustellen, dass Banken die
aufsichtsrechtlichen Vorschriften einhalten.

Kampf gegen Geldwäsche und Terrorismusfinanzierung

Der Kampf gegen Geldwäsche und Terrorismusfinanzierung ist ein wichtiger Schwerpunkt für Banken weltweit. Diese illegalen Aktivitäten können schwerwiegende Auswirkungen auf die Sicherheit und finanzielle Stabilität sowie auf die Wirtschaft als Ganzes haben.

Geldwäsche beinhaltet die Umwandlung illegal erworbener Gelder in legales Geld durch komplexe Finanztransaktionen. Kriminelle versuchen, die Herkunft und Ziel der Gelder zu verschleiern, um nicht von den Behörden erfasst zu werden. Die Terrorismusfinanzierung hingegen umfasst die Verwendung von Geldern zur Unterstützung terroristischer Aktivitäten wie Waffenkäufen oder Anschlagsplanungen.

Banken sind in vorderster Linie im Kampf gegen diese illegalen Aktivitäten, da sie oft für Finanztransaktionen verwendet werden. Daher haben Banken die Verantwortung, Überwachungssysteme einzurichten, um verdächtige Transaktionen zu erkennen und zu melden. Die Behörden können dann diese Transaktionen untersuchen und die erforderlichen Maßnahmen ergreifen, um Geldwäsche und Terrorismusfinanzierung zu verhindern.

Um die Vorschriften einzuhalten, haben Banken Programme zur Bekämpfung von Geldwäsche und Terrorismusfinanzierung implementiert. Diese Programme umfassen Richtlinien und Verfahren zur Identifizierung von Kunden, Bewertung von Risiken, Überwachung von Transaktionen und Meldung verdächtiger Aktivitäten. Banken müssen auch regelmäßige Überprüfungen durchführen, um sicherzustellen, dass die Kunden die Regeln und Vorschriften einhalten.

Nationale und internationale Regulierungsbehörden arbeiten auch mit Banken zusammen, um den Kampf gegen Geldwäsche und Terrorismusfinanzierung zu stärken. Transparenz- und Governance-Standards wurden eingeführt, um Banken bei der Erkennung und Meldung verdächtiger Transaktionen zu unterstützen. Banken müssen auch Mechanismen zur Einlagensicherung und Lösung von Bankenkrisen implementieren, um die Kundenvermögen im Falle einer Insolvenz oder Krise zu schützen.

Trotz all dieser Bemühungen bleibt der Kampf gegen Geldwäsche und Terrorismusfinanzierung eine Herausforderung für Banken. Kriminelle suchen ständig nach neuen Möglichkeiten, die Regeln und Vorschriften zu umgehen, was die Erkennung illegaler Aktivitäten erschwert. Daher müssen Banken wachsam bleiben und sich kontinuierlich anpassen, um die finanzielle Sicherheit ihrer Kunden und der Wirtschaft als Ganzes zu gewährleisten.

Transparenz- und Governance-Standards

Transparenz- und Governance-Standards sind von entscheidender Bedeutung, um die Integrität und das Vertrauen des Publikums in den Bankensektor zu gewährleisten. In diesem Abschnitt werden wir die verschiedenen Standards und Vorschriften untersuchen, die darauf abzielen, Transparenz und gute Governance in Banken sicherzustellen.

Transparenz ist zunächst der Eckpfeiler jeder guten Governance. Banken müssen transparent sein über ihre Struktur, ihr Geschäft, ihre Geschäftspraktiken und ihr Risikomanagement. Dies ermöglicht Interessengruppen wie Kunden, Aktionären, Regulierungsbehörden und der Öffentlichkeit zu verstehen, wie die Bank funktioniert und wie sie ihre Risiken bewältigt.

Um diese Transparenz sicherzustellen, wurden zahlreiche Vorschriften eingeführt. Beispielsweise schreibt die europäische MiFID II-Richtlinie (Markets in Financial Instruments Directive) vor, dass Banken detaillierte Informationen über die von ihnen angebotenen Finanzprodukte sowie deren Kosten und Leistung offenlegen müssen. Ebenso verlangt die CRD IV-Richtlinie (Capital Requirements Directive IV), dass Banken detaillierte Informationen über ihr Risikoprofil, ihre Kapitalausstattung und ihre Risikopotenziale offenlegen müssen.

Was die Governance betrifft, sind Banken verpflichtet, bestimmte Standards einzuhalten, um eine solide und effektive Führung sicherzustellen. Banken müssen zunächst eine klar definierte Governance-Struktur haben, mit getrennten Entscheidungsgremien wie dem Verwaltungsrat und dem Managementausschuss. Die Mitglieder dieser Gremien müssen unabhängig und kompetent sein und über relevante Erfahrung im Bankwesen verfügen.

Darüber hinaus müssen Banken effektive Richtlinien zur Risikosteuerung umsetzen, einschließlich des Managements von Interessenkonflikten, der Überwachung der Compliance und dem Management von operationellen Risiken wie Cybersicherheitsrisiken.

Schließlich müssen Banken gegenüber ihren Interessengruppen, insbesondere ihren Kunden und Aktionären, verantwortlich sein. Dazu müssen sie klare Richtlinien für die Offenlegung von Informationen, das Beschwerdemanagement und die faire Behandlung von Kunden festlegen. Sie müssen auch transparent sein in Bezug auf ihre finanzielle Leistung, ihre Vergütungspolitik und ihre Geschäftspraktiken.

Einlagensicherungs- und Krisenlösungssysteme

Einlagensicherungs- und Krisenlösungssysteme sind Schutzmechanismen, die von Regierungen und Regulierungsbehörden eingeführt wurden, um die Sicherheit von Kundeneinlagen in Banken zu gewährleisten. Diese Systeme wurden als Reaktion auf Banken- und Finanzkrisen entwickelt, die die Notwendigkeit verdeutlichten, Kunden vor finanziellen Verlusten aufgrund von Bankinsolvenzen zu schützen.

Das Einlagensicherungssystem ist ein Mechanismus, der die Sicherheit von Kundeneinlagen im Falle einer Bankinsolvenz gewährleistet. Es ermöglicht es den Kunden, ihre Einlagen bis zu einem bestimmten Betrag zurückzuerhalten, der in der Regel gesetzlich festgelegt ist. Dieser Betrag variiert von Land zu Land, liegt aber oft im Bereich mehrerer tausend Euro. Das Einlagensicherungssystem wird von den Banken finanziert, wobei die Beiträge entsprechend ihres Risikos berechnet werden.

Krisenlösung ist ein Prozess, der dazu dient, Probleme von Banken in Schwierigkeiten zu lösen und gleichzeitig Verluste für Kunden, Investoren und Steuerzahler zu minimieren. Die Krisenlösung kann verschiedene Formen annehmen, darunter den Verkauf der in Schwierigkeiten geratenen Bank an einen Dritten, die Kapitalisierung der Bank durch die Regierung oder die Fusion mit einer anderen Bank. Die Krisenlösung kann für die Steuerzahler kostspielig sein, daher sind oft strenge Bedingungen, wie Gehaltsbeschränkungen für Führungskräfte und Maßnahmen zum Schutz der Interessen der Kunden, damit verbunden.

Einlagensicherungssysteme und Krisenlösungsmechanismen sind entscheidend, um das Vertrauen in das Bank- und Finanzsystem aufrechtzuerhalten. Sie ermöglichen es den Kunden, ihr Geld sicher bei einer Bank einzuzahlen, in dem Wissen, dass ihnen im Falle einer Insolvenz ihr Geld erstattet wird. Sie verringern auch das Risiko einer Bankpanik, die sich schnell ausbreiten und erhebliche Verluste für Kunden und Investoren verursachen kann.

Es ist jedoch zu beachten, dass diese Systeme ihre Grenzen haben. Zum Beispiel gewährleisten Einlagensicherungssysteme nur Einlagen bis zu einem bestimmten Betrag, was bedeutet, dass Kunden mit höheren Einlagen im Falle einer Bankinsolvenz Verluste erleiden können. Darüber hinaus kann die Krisenlösung in einigen Fällen schwierig umzusetzen sein, insbesondere wenn Banken zu groß sind, um ohne eine systemische Krise zu scheitern.

Typologie der Bankrisiken

Kreditrisiko

Das Kreditrisiko ist eines der Hauptrisiken, denen Banken ausgesetzt sind. Es bezieht sich auf die Möglichkeit, dass ein Kreditnehmer seine Schulden nicht gemäß den vereinbarten Bedingungen zurückzahlt und dadurch einen Verlust für die Bank verursacht. Dieses Risiko ist oft in der Kreditportfolios einer Bank vorhanden und kann von verschiedenen Arten von Kunden wie Unternehmen, Einzelpersonen, Regierungen und gemeinnützigen Organisationen ausgehen.

Das Kreditrisiko kann in zwei Hauptkategorien unterteilt werden: das Ausfallrisiko und das Verschlechterungsrisiko. Das Ausfallrisiko bezieht sich auf die Wahrscheinlichkeit, dass der Kreditnehmer den Kredit nicht zurückzahlt, während das Verschlechterungsrisiko sich auf die Wahrscheinlichkeit bezieht, dass der Kreditnehmer den Kredit zurückzahlt, aber mit Verzögerung oder einer Reduzierung der Zahlungssumme.

Um das Kreditrisiko zu managen, führen Banken strenge Kreditbewilligungsverfahren ein, um sicherzustellen, dass die Kreditnehmer in der Lage sind, ihre Schulden zurückzuzahlen. Diese Verfahren umfassen eine Analyse der Kreditwürdigkeit des Kreditnehmers, eine Bewertung der für den Kredit gestellten Sicherheiten sowie eine Bewertung des wirtschaftlichen und sektoriellen Risikos, das mit dem Kreditnehmer verbunden ist. Banken können auch ihr Kreditportfolio diversifizieren, um ihre Exposition gegenüber einem bestimmten Sektor oder einem bestimmten Kundentyp zu reduzieren.

Im Falle eines Zahlungsausfalls haben Banken in der Regel Mechanismen implementiert, um ihr Geld zurückzuerhalten, wie z.B. die Beschlagnahmung von Sicherheiten oder die Umschuldung der Schulden. In extremen Fällen kann es vorkommen, dass Banken Verluste in ihrer Bilanz verbuchen müssen.

Es ist wichtig zu beachten, dass das Kreditrisiko eng mit dem wirtschaftlichen Risiko verbunden ist. In Zeiten wirtschaftlicher Abschwächung steigt das Risiko, dass Kreditnehmer ihre Schulden nicht zurückzahlen, was zu Verlusten für die Banken führen kann.

Marktrisiko

Das Marktrisiko ist ein entscheidender Faktor im Bankgeschäft. Dieses Risiko bezieht sich auf potenzielle Verluste, die mit den Schwankungen auf den Finanzmärkten, wie Aktienmärkten, Devisenmärkten, Rohstoffmärkten, Zinssätzen und Indizes, verbunden sind. Banken sind daher diesem Risiko ausgesetzt, wenn sich ihre Portfolios aus Finanzanlagen zusammensetzen, die diesen Marktschwankungen unterliegen.

Das Marktrisiko kann durch verschiedene Methoden wie Value-at-Risk (VaR) quantifiziert werden, die den wahrscheinlichen maximalen Verlust eines Portfolios bei einem bestimmten Konfidenzniveau berechnet. Daher verwenden Banken mathematische Modelle, um ihr Marktrisiko abzuschätzen und geeignete Risikomanagementstrategien zu implementieren.

Finanzderivate werden oft verwendet, um das Marktrisiko abzudecken. Diese Finanzinstrumente ermöglichen es, das Marktrisiko auf Dritte zu übertragen. Zum Beispiel kann eine Bank einen Terminkontrakt für eine Rohstoffposition kaufen, um sich gegen einen Preisanstieg abzusichern. Die Verwendung dieser Derivate kann jedoch auch das Marktrisiko verstärken.

Banken müssen auch die Risiken von komplexen strukturierten Produkten beachten, die undurchsichtig und schwer zu bewerten sein können. Diese Produkte können versteckte Risiken wie vorzeitige Rückzahlungsbedingungen oder Rückkaufoptionen enthalten, die zu erheblichen Verlusten für die Anleger führen können.

Schließlich müssen Banken auch empfindlich auf systemische Marktrisiken reagieren. Diese Risiken betreffen das gesamte Finanzsystem und können durch unvorhersehbare Ereignisse wie Wirtschafts- und Finanzkrisen ausgelöst werden. Daher müssen Banken in der Lage sein, diese systemischen Risiken durch Präventions- und Krisenmanagementmaßnahmen zu managen.

Operatives Risiko

Das operative Risiko ist eines der Hauptrisiken, denen Banken ausgesetzt sind. Es bezieht sich auf mögliche Verluste, die aus ungeeigneten internen Prozessen, menschlichen Fehlern, Ausfällen von Informationssystemen, Betrug, rechtlichen Streitigkeiten, Naturkatastrophen und anderen unvorhergesehenen Ereignissen resultieren. Im Gegensatz zu anderen Risikoarten wie Kreditrisiko und Marktrisiko kann das operative Risiko nicht genau bewertet oder gemessen werden, was seine Verwaltung erschwert.

Um die Bedeutung des operativen Risikos in Banken besser zu verstehen, ist es wichtig, sich daran zu erinnern, dass Banken komplexe Institutionen sind, die massive Datenmengen verarbeiten und eine Vielzahl von Operationen durchführen. Ausfälle können jederzeit auftreten, und die Fähigkeit einer Bank, damit umzugehen, hängt von ihrer Widerstandsfähigkeit und ihrer Fähigkeit ab, schnell und effektiv auf Ereignisse zu reagieren.

Um das operative Risiko zu managen, haben Banken interne Kontrollsysteme und Prozesse eingerichtet. Dazu gehören die Identifizierung von Risiken, die Bewertung der internen Kontrollen und die Implementierung von Risikomanagementmaßnahmen. Banken müssen auch in robuste und widerstandsfähige Informationssysteme sowie in die Ausbildung und Entwicklung der Mitarbeiter investieren.

Trotz aller getroffenen Maßnahmen können operative Risiken niemals vollständig beseitigt werden. Daher müssen Banken auch über Geschäftskontinuitätspläne verfügen, um die Kontinuität ihrer Dienstleistungen in Krisensituationen zu gewährleisten. Diese Pläne müssen regelmäßig getestet und aktualisiert werden, um sicherzustellen, dass sie wirksam sind.

Liquiditätsrisiko

Das Liquiditätsrisiko ist eines der wichtigsten Risiken, denen Banken gegenüberstehen. Es bezieht sich auf die Fähigkeit der Bank, ihre Zahlungsverpflichtungen bei Fälligkeit zu erfüllen. Mit anderen Worten, es handelt sich um die Fähigkeit der Bank, ihre Vermögenswerte schnell und kostengünstig in Bargeld umzuwandeln, um Kundenabhebungen zu tätigen oder Schulden zurückzuzahlen.

Banken sind diesem Risiko ausgesetzt, weil sie Einlagen auf Sicht und auf Zeit sammeln und Geld an ihre Kunden über längere Zeiträume verleihen. Diese Ungleichheit der Fälligkeiten schafft ein Liquiditätsrisiko, da die Bank möglicherweise nicht genügend Liquidität hat, um ihren Zahlungsverpflichtungen nachzukommen.

Banken managen dieses Risiko, indem sie ihre Vermögenswerte und Verbindlichkeiten vorsichtig steuern und ausreichende liquiditätsreserven halten. Liquiditätsreserven können in Form von Sichteinlagen bei der Zentralbank, handelbaren Wertpapieren oder Bargeld gehalten werden.

Die Verwaltung des Liquiditätsrisikos ist jedoch mit der Entwicklung der Finanzmärkte und der Globalisierung des Bankgeschäfts komplexer geworden. Banken können Schwierigkeiten haben, sich in zwischenbanklichen oder Kapitalmärkten zu refinanzieren, wenn es zu finanziellen Stresssituationen kommt. Darüber hinaus hat die Finanzkrise von 2008 die Bedeutung des Liquiditätsmanagements unterstrichen und zu strengeren Vorschriften zur

Gewährleistung der Finanzstabilität geführt.

Die Regulierung fordert nun, dass Banken ausreichende Liquiditätspuffer vorhalten, um Liquiditätsschocks zu bewältigen. Darüber hinaus führen Regulierer Stresstests durch, um die Fähigkeit von Banken zu bewerten, mit finanziellen Stressszenarien umzugehen.

Schließlich ist die Liquiditätsrisikoverwaltung von wesentlicher Bedeutung für das Kundenvertrauen und die Finanzstabilität. Banken müssen jederzeit in der Lage sein, den Liquiditätsbedarf ihrer Kunden zu decken, um eine Liquiditätskrise zu vermeiden. Eine vorsichtige Liquiditätssteuerung ist daher entscheidend, um die Stabilität des Bankensystems zu gewährleisten und Finanzkrisen zu vermeiden.

Zinsänderungsrisiko

Das Zinsänderungsrisiko ist ein Hauptrisiko, dem Banken in ihrer täglichen Geschäftstätigkeit ausgesetzt sind. Dieses Risiko hängt mit den Schwankungen der Zinssätze auf den Finanzmärkten zusammen, die erhebliche Auswirkungen auf die Gewinne und Verluste von Banken haben können.

Konkret tritt das Zinsänderungsrisiko auf, wenn die Zinssätze signifikant ansteigen oder fallen und sich die Vermögenswerte und Verbindlichkeiten der Banken unterschiedlich beeinflussen. Die Vermögenswerte und Verbindlichkeiten der Banken werden in der Regel zu unterschiedlichen Zinssätzen notiert, was zu Ungleichgewichten führt, wenn die Zinssätze schwanken.

Zum Beispiel, wenn eine Bank langfristige, festverzinsliche Vermögenswerte und kurzfristige variable Verbindlichkeiten hat, kann eine Zinserhöhung zu höheren Zinskosten für die Bank führen, während die Zinserträge aus den Vermögenswerten konstant bleiben. Dies kann zu einem Gewinnrückgang für die Bank führen.

Um das Zinsänderungsrisiko zu managen, können Banken verschiedene Techniken verwenden. Sie können Laufzeitanpassungsstrategien implementieren, um Vermögenswerte und Verbindlichkeiten in Bezug auf Laufzeit und Zinssensibilität abzustimmen. Banken können auch Terminkontrakte und Optionen verwenden, um sich gegen Zinsschwankungen abzusichern.

Diese Risikomanagementtechniken sind jedoch nicht ohne Risiko. Terminkontrakte und Optionen können kostenintensiv sein, und die Umsetzung von Laufzeitanpassungsstrategien kann schwierig sein. Daher müssen Banken in der Verwaltung ihres Zinsänderungsrisikos wachsam sein und die Zinsschwankungen auf den Finanzmärkten sorgfältig überwachen.

Schließlich ist es wichtig zu beachten, dass das Zinsänderungsrisiko nicht nur Banken betrifft, sondern auch Kreditnehmer und Investoren. Kreditnehmer können von Zinsschwankungen betroffen sein, was die Rückzahlung von Krediten teurer oder weniger erschwinglich machen kann. Investoren können auch von Zinsschwankungen betroffen sein, da dies Auswirkungen auf die Bewertung von Anlagen in

Anleihen haben kann.

Währungsrisiko

Das Währungsrisiko ist ein bedeutendes Risiko für Banken und Unternehmen, die auf internationalen Märkten tätig sind. Es tritt auf, wenn der Wert einer Währung im Vergleich zu einer anderen schwankt und potenzielle Verluste für Wirtschaftsteilnehmer verursacht, die offene Positionen in Fremdwährungen haben.

Um dieses Risiko zu verdeutlichen, nehmen wir das Beispiel eines französischen Unternehmens, das Produkte in den USA verkauft und Zahlungen in US-Dollar erhält. Wenn der Euro im Vergleich zum US-Dollar an Wert verliert, sinkt der Wert der in Dollar erhaltenen Zahlungen für das Unternehmen, da es mehr Euros benötigt, um diese Dollar in seine Landeswährung umzurechnen. Dies kann zu einem Verlust für das Unternehmen führen, wenn es sein Währungsrisiko nicht abgesichert hat.

Banken wiederum sind häufig dem Währungsrisiko aufgrund ihrer Devisenhandelsaktivitäten ausgesetzt. Wenn sie offene Positionen in einer bestimmten Währung haben, kann eine ungünstige Änderung des Wechselkurses zu erheblichen Verlusten führen.

Um das Währungsrisiko zu managen, können Banken und Unternehmen Instrumente zur Absicherung wie Terminkontrakte, Devisenoptionen oder Devisenswaps verwenden. Diese Instrumente ermöglichen es, einen

Wechselkurs im Voraus für eine zukünftige Transaktion festzulegen und das Risiko von Schwankungen im Wert der Währungen zu reduzieren.

Es ist wichtig zu beachten, dass das Währungsrisiko auch Auswirkungen auf die Volkswirtschaft eines Landes als Ganzes haben kann. Eine plötzliche Abwertung der heimischen Währung kann zum Beispiel zu importierter Inflation führen, da importierte Produkte teurer werden. Dies kann auch die Wettbewerbsfähigkeit von Exporten erhöhen und so das Wirtschaftswachstum ankurbeln.

Risikomanagementtechniken

Diversifikation und Absicherung

Diversifikation und Absicherung sind zwei Begriffe, die in der Bankenwelt, insbesondere im Risikomanagement, häufig auftauchen. Tatsächlich handelt es sich bei Diversifikation und Absicherung um zwei sehr wichtige Techniken, die es den Banken ermöglichen, ihre Risiken zu reduzieren und ihre Rentabilität zu schützen.

Diversifikation besteht darin, Risiken auf verschiedene Arten von Vermögenswerten, Sektoren oder geografischen Regionen aufzuteilen. Mit anderen Worten: Man legt nicht alle Eier in einen Korb. Indem sie ihre Portfolios diversifizieren, reduzieren die Banken das Risiko erheblicher Verluste im Falle eines Ausfalls eines einzelnen Kreditnehmers oder Sektors der Wirtschaft. Zum Beispiel kann eine Bank, die nur in einen einzigen Sektor wie Immobilien investiert, bei einem Rückgang der Immobilienpreise sehr verwundbar sein. Im Gegensatz dazu wird eine Bank, die in verschiedene Sektoren wie Landwirtschaft, Industrie und Dienstleistungen investiert, weniger einem sektoralen Risiko ausgesetzt sein.

Die Absicherung hingegen besteht darin, sich gegen Risiken abzusichern, indem man Positionen gegen dasjenige eingeht, was als riskant angesehen wird. Beispielsweise kann sich eine Bank, die Kredite mit variablem Zinssatz vergibt, gegen das Risiko steigender Zinssätze absichern, indem sie Finanzinstrumente abschließt, die sie gegen diesen Anstieg schützen. Gleichzeitig kann sich eine Bank,

die in ausländischer Währung Kredite vergibt, gegen das
Wechselkursrisiko absichern, indem sie Finanzprodukte
kauft, die sie vor einem Wertverlust dieser Währung
schützen.

Diversifikation und Absicherung sind sehr nützliche
Techniken zur Risikoreduzierung, aber sie sind nicht
fehlerfrei. Es ist daher wichtig, dass die Banken effektive
Risikomanagementsysteme implementieren, um die von der
Bank eingegangenen Risiken ständig zu überwachen und zu
bewerten.

Zusammenfassend sind Diversifikation und Absicherung
wichtige Techniken des Risikomanagements für Banken.
Durch den Einsatz dieser Techniken können Banken ihre
Exposition gegenüber spezifischen Risiken reduzieren und
ihre Rentabilität schützen. Es ist jedoch wichtig, dass die
Banken sich der Grenzen dieser Techniken bewusst sind und
effektive Risikomanagementsysteme implementieren, um die
von der Bank eingegangenen Risiken ständig zu überwachen
und zu bewerten.

Verbriefung

Verbriefung ist ein finanzieller Prozess, der es Banken
ermöglicht, einen Teil ihrer Forderungen (Darlehen und
andere Finanzanlagen) zu bündeln und sie dann als
Wertpapiere an Investoren zu verkaufen. Die durch diese
Wertpapiere generierten Cashflows (Darlehenstilgung, Zinsen
und andere Einnahmen) werden dann unter den Investoren
aufgeteilt, die zu den Eigentümern der Wertpapiere werden.

Verbriefung bietet den Banken viele Vorteile, darunter die Reduzierung ihrer finanziellen Risiken, die Freisetzung von Kapital für neue Kredite sowie die Möglichkeit, sich in neuen Märkten und Finanzprodukten zu diversifizieren. Für Anleger bietet dies die Möglichkeit, in ein diversifiziertes Portfolio von Krediten zu investieren und attraktive Renditen zu erzielen.

Jedoch kann die Verbriefung auch Risiken bergen, insbesondere bei Zahlungsausfällen der Kreditnehmer, die zu einem Wertverlust der Wertpapiere und Verlusten für die Anleger führen können. Darüber hinaus kann die Komplexität von Verbriefungsprodukten die Bewertung ihres tatsächlichen Risikos erschweren.

Tatsächlich trug der Aufstieg komplexer Verbriefungsprodukte wie Collateralized Debt Obligations (CDOs) zur Finanzkrise von 2008 bei. Diese Produkte wurden durch die Bündelung von Subprime-Hypothekendarlehen, d.h. Darlehen an Kreditnehmer mit hohem Kreditrisiko, geschaffen. Massenhafte Ausfälle bei diesen Darlehen führten zu einem Wertverlust der CDOs sowie erheblichen Verlusten für die Investoren, die sie in ihrem Besitz hatten.

Daher ist es wichtig, dass Banken und Regulierungsbehörden die mit der Verbriefung verbundenen Risiken berücksichtigen und effektive Regulierungs- und Aufsichtsmaßnahmen ergreifen, um Finanzexzesse zu vermeiden. Beispielsweise führt die Basel III-Regulierung höhere Eigenkapitalanforderungen für Banken ein, die sich mit Verbriefungsaktivitäten befassen, um ihr Kreditausfallrisiko zu verringern und ihre finanzielle Widerstandsfähigkeit zu erhöhen.

Verwendung von Derivaten

Der Einsatz von Derivaten ist in der Finanz- und Bankenwelt eine gängige Praxis. Diese Finanzinstrumente werden verwendet, um Marktrisiken, Kreditrisiken, Liquiditätsrisiken und Zinsrisiken zu managen. Derivate leiten ihren Wert von einem zugrunde liegenden Vermögenswert wie Aktien, Anleihen, Währungen, Rohstoffen oder Marktindizes ab.

Es gibt verschiedene Arten von Derivaten, wie Terminkontrakte, Optionen, Swaps und Risikotauschverträge (CERS). Terminkontrakte ermöglichen den Kauf oder Verkauf eines Vermögenswerts zu einem im Voraus festgelegten Preis zu einem bestimmten zukünftigen Datum. Optionen geben das Recht, aber nicht die Verpflichtung, einen Vermögenswert zu einem festgelegten Preis zu einem zuvor festgelegten Datum zu kaufen oder zu verkaufen. Swaps sind Verträge über den Austausch von finanziellen Strömen zwischen zwei Parteien, während CERS Verträge über den Austausch von Risiken zwischen einer Bank und einem Kunden sind.

Der Einsatz von Derivaten kann sehr riskant sein, da ihr Wert von der Wertentwicklung des zugrunde liegenden Vermögenswerts abhängt. Verluste können erheblich sein, wenn sich der zugrunde liegende Vermögenswert ungünstig entwickelt. Aus diesem Grund müssen Banken diese Risiken sorgfältig und vorsichtig managen, indem sie Risikomanagementtechniken wie Diversifikation, Absicherung, Verbriefung und Modellierung verwenden.

Verbriefung ist eine Risikomanagementtechnik, bei der illiquide Vermögenswerte in handelbare Wertpapiere auf den Finanzmärkten umgewandelt werden. Diese Technik ermöglicht es den Banken, Kapital freizusetzen, indem sie die Wertpapiere an Investoren verkaufen. Modellierung ist eine Risikomanagementtechnik, bei der mögliche Marktszenarien simuliert werden, um potenzielle Verluste zu messen.

Derivate können auch zur Spekulation auf den Finanzmärkten eingesetzt werden. Dies kann sehr profitabel sein, aber auch sehr riskant. Spekulanten nehmen Positionen in Derivaten ein, indem sie auf die zukünftige Performance der zugrunde liegenden Vermögenswerte wetten. Verluste können erheblich sein, wenn die Wette sich als falsch erweist.

Modellierung und Stresstests

Modellierung und Stresstests sind zwei wichtige Instrumente für das Risikomanagement im Bankensektor. Modellierung beinhaltet die Verwendung mathematischer und statistischer Methoden, um die zukünftigen finanziellen Ergebnisse der Bank in Abhängigkeit von verschiedenen wirtschaftlichen Szenarien vorherzusagen. Stresstests sind Simulationen, mit denen die Robustheit einer Bank gegenüber extremen wirtschaftlichen Schocks bewertet werden kann.

Die Modellierung ermöglicht es den Banken, die ihnen ausgesetzten Risiken besser zu verstehen und Marktschwankungen vorherzusehen. Sie kann den Banken auch helfen, Investitionsmöglichkeiten zu identifizieren und ihr Portfolio von Vermögenswerten zu optimieren.

Allerdings hat die Modellierung auch ihre Grenzen und

Risiken. Sie basiert auf Annahmen und Modellen, die in bestimmten Situationen unvollkommen oder ungeeignet sein können. Sie kann auch zu übermäßigem Risiko führen, wenn die Banken sich zu sehr auf die Ergebnisse ihrer Modelle verlassen und andere Faktoren außer Acht lassen.

Hier kommen die Stresstests ins Spiel. Sie ermöglichen es, die Widerstandsfähigkeit der Bank gegenüber extremen wirtschaftlichen Szenarien, wie einer Finanzkrise oder einer lang anhaltenden Rezession, zu testen. Stresstests können auch den Regulierungsbehörden helfen, die finanzielle Stärke der Banken zu bewerten und sicherzustellen, dass sie ausreichend Eigenkapital haben, um potenzielle Verluste abzudecken.

Stresstests sind daher ein wichtiges Instrument, um die finanzielle Stabilität und Widerstandsfähigkeit des Bankensektors zu gewährleisten. Sie können jedoch nicht alle möglichen Risiken vorhersagen und garantieren nicht allein die finanzielle Sicherheit einer Bank. Daher ist es wichtig, dass die Banken einen umfassenden und integrierten Ansatz für das Risikomanagement verfolgen und eine Kombination aus Modellierung, Stresstests und anderen Risikobewertungsmethoden verwenden.

Bank und Geldpolitik

Rolle der Zentralbanken

Zentralbanken sind wichtige Finanzinstitutionen, die eine entscheidende Rolle in der globalen Wirtschaft spielen. Ihre Hauptaufgabe besteht darin, die Geldpolitik zu regulieren und die finanzielle Stabilität aufrechtzuerhalten.

Zentralbanken haben mehrere wichtige Funktionen. Zunächst sind sie dafür verantwortlich, die Menge an Geld in der Wirtschaft zu schaffen und zu regeln. Sie sind auch für die Verwaltung der Devisenreserven des Landes zuständig und können daher auf den Devisenmärkten intervenieren, um die Stabilität der Wechselkurse aufrechtzuerhalten.

Darüber hinaus spielen Zentralbanken eine wichtige Rolle bei der Aufrechterhaltung der finanziellen Stabilität. Sie überwachen das Finanzsystem und ergreifen Maßnahmen zur Vermeidung von Finanzkrisen. Im Falle einer Krise können Zentralbanken auch den Banken Notfallliquidität zur Verfügung stellen, um eine Ausbreitung auf das gesamte Finanzsystem zu verhindern.

Zentralbanken haben auch die Aufgabe, Preisstabilität aufrechtzuerhalten. Hierzu nutzen sie Instrumente der Geldpolitik wie Zinssätze und Offenmarktgeschäfte, um das Geldangebot in der Wirtschaft zu regulieren. Eine hohe Inflation kann sich negativ auf die Wirtschaft auswirken, insbesondere indem sie die Kaufkraft der Bevölkerung reduziert und die Produktionskosten für Unternehmen erhöht.

Zentralbanken sind außerdem für die Überwachung und Regulierung von Geschäftsbanken verantwortlich. Sie stellen sicher, dass Banken die Solvenz- und Liquiditätsstandards einhalten, um ihre finanzielle Stabilität zu gewährleisten. Sie können auch Maßnahmen ergreifen, um systemische Risiken wie das Risiko einer Ansteckung zwischen Banken zu verhindern.

Schließlich spielen Zentralbanken eine wichtige Rolle in den internationalen Beziehungen. Sie sind oft in Verhandlungen über Wechselkurse und internationale Wirtschaftspolitik involviert. Zentralbanken arbeiten auch eng mit anderen Zentralbanken zusammen, um die globale finanzielle Stabilität zu gewährleisten.

Instrumente der Geldpolitik

Die Geldpolitik ist ein wichtiges Instrument, über das Zentralbanken verfügen, um ihre Ziele in Bezug auf Preisstabilität und wirtschaftliches Wachstum zu erreichen. Sie umfasst den Einsatz verschiedener Instrumente zur Beeinflussung der Geldmenge, der Zinssätze und der Finanzierungsbedingungen in der Wirtschaft.

Zentralbanken können verschiedene Instrumente zur Umsetzung ihrer Geldpolitik verwenden. Das erste und bekannteste Instrument ist der Leitzins, zu dem Geschäftsbanken Geld bei der Zentralbank leihen können. Durch die Anpassung dieses Zinssatzes können Zentralbanken die Kosten für Kredite beeinflussen und damit auch die wirtschaftliche Aktivität beeinflussen.

Ein weiteres wichtiges Instrument sind Offenmarktgeschäfte, bei denen öffentliche Schuldtitel auf dem Finanzmarkt gekauft oder verkauft werden. Durch den Kauf von Wertpapieren injiziert die Zentralbank Geld in die Wirtschaft, während sie durch den Verkauf von Wertpapieren Geld aus der Wirtschaft entfernt.

Zentralbanken können auch Mindestreservesätze verwenden, um die Menge an Liquidität zu beeinflussen, die Geschäftsbanken als Reserve im Verhältnis zu ihren Einlagen vorhalten müssen. Durch Erhöhung dieser Sätze können Zentralbanken die Menge an verfügbaren Mitteln für Kredite reduzieren und damit auch die wirtschaftliche Aktivität verlangsamen.

Schließlich können Zentralbanken auch Kommunikationsstrategien einsetzen, um die Erwartungen der Wirtschaftsteilnehmer zu beeinflussen. Zum Beispiel können sie zukünftige Zinssatzziele ankündigen oder Aussagen über ihre zukünftige Politik treffen, um das Verhalten der wirtschaftlichen Akteure zu beeinflussen und die wirtschaftliche Aktivität in die gewünschte Richtung zu lenken.

Es ist wichtig zu beachten, dass Zentralbanken bei der Festlegung ihrer Geldpolitik viele Faktoren berücksichtigen müssen, wie Inflation, wirtschaftliches Wachstum, Arbeitslosenquote und Marktbedingungen. Daher kann ihre Geldpolitik für Nicht-Experten komplex und schwer verständlich sein.

Auswirkungen der Geldpolitik auf Banken

Die Auswirkungen der Geldpolitik auf Banken sind ein entscheidendes Thema, um das Funktionieren des Bankensystems insgesamt zu verstehen. Tatsächlich werden Banken stark von den geldpolitischen Entscheidungen der Zentralbanken beeinflusst. In diesem Abschnitt werden wir untersuchen, wie die Geldpolitik Banken beeinflusst und wie sie darauf reagieren können.

Die Geldpolitik ist eines der Hauptinstrumente, über die Zentralbanken verfügen, um die Wirtschaft zu regulieren. Sie umfasst Maßnahmen zur Anpassung von Zinssätzen und der Geldmenge in der Zirkulation, um die wirtschaftliche Stabilität aufrechtzuerhalten. Zentralbanken können die Zinssätze je nach Zustand der Wirtschaft erhöhen oder senken, was erhebliche Auswirkungen auf Banken haben kann.

Wenn die Zinssätze steigen, wird Kreditaufnahme für Banken teurer. Dies kann ihre Fähigkeit zur Kreditvergabe verringern, was zu einem Rückgang ihres Umsatzes und ihrer Gewinne führen kann. Darüber hinaus kann ein Anstieg der Zinssätze bestehende Kredite für Kreditnehmer schwieriger zu bedienen machen, was zu einer Zunahme von Zahlungsausfällen führen kann. Infolgedessen können Banken mit steigenden Kreditverlusten konfrontiert werden, was ihre finanzielle Gesundheit beeinträchtigen kann.

Im Gegensatz dazu kann eine Senkung der Zinssätze die Kreditaufnahme und das wirtschaftliche Wachstum stimulieren. Dies kann auch die Gewinne von Banken steigern, da sie zu niedrigeren Zinssätzen Kredite vergeben und höhere Renditen auf Anlageinstrumente wie Anleihen erzielen können. Allerdings kann eine Senkung der Zinssätze auch erhöhte Risiken für Banken mit sich bringen, da sie möglicherweise dazu verleitet werden, Kredite an riskante Kreditnehmer zu vergeben, um höhere Renditen zu erzielen.

Banken können auf die Auswirkungen der Geldpolitik auf verschiedene Weise reagieren. Sie können ihre Kreditzinsen anpassen, um die Veränderungen der Zinssätze der Zentralbank widerzuspiegeln. Sie können auch ihre Kreditportfolios anpassen, um das Risiko von Zinsschwankungen zu reduzieren. Darüber hinaus können sie sich an andere Finanzierungsquellen wie Kapitalmärkte wenden, um Gelder zu wettbewerbsfähigen Zinssätzen zu beschaffen.

Schließlich können Banken Derivate nutzen, um sich gegen Zinsschwankungen abzusichern. Derivate sind Finanzinstrumente, mit denen Banken das Risiko von Zinsschwankungen auf andere Parteien übertragen können. Dies kann dazu beitragen, die Exposition von Banken gegenüber Zinsrisiken zu reduzieren und ihre Rentabilität aufrechtzuerhalten.

Beziehung zwischen Geldpolitik und finanzieller Stabilität

Geldpolitik und finanzielle Stabilität stehen in enger Beziehung zueinander. Die Geldpolitik umfasst Maßnahmen der Zentralbanken zur Beeinflussung der Geldmenge und der Zinssätze in der Wirtschaft. Das Hauptziel der Geldpolitik besteht darin, Preisstabilität aufrechtzuerhalten, d.h. eine niedrige und stabile Inflation. Die Maßnahmen der Zentralbank können jedoch auch erhebliche Auswirkungen auf die finanzielle Stabilität haben.

Finanzielle Stabilität bezieht sich auf die Fähigkeit des Finanzsystems, wirtschaftliche Schocks zu bewältigen und Finanzkrisen zu verhindern. Finanzielle Stabilität ist entscheidend für das reibungslose Funktionieren der Wirtschaft und um die verheerenden Folgen von Finanzkrisen wie Bankinsolvenzen, wirtschaftlichen Rezessionen und Massenarbeitslosigkeit zu vermeiden.

Die Geldpolitik kann die finanzielle Stabilität auf verschiedene Weise beeinflussen. Zunächst können die geldpolitischen Entscheidungen die Preisschwankungen von Finanzanlagen wie Aktien, Anleihen und Währungen beeinflussen. Änderungen in den Zinssätzen können auch die Solvenz von Unternehmen und Haushalten beeinflussen, was Auswirkungen auf die finanzielle Stabilität haben kann.

Darüber hinaus kann die Geldpolitik auch das Verhalten der Akteure auf den Finanzmärkten, wie Investoren, Banken und Finanzinstituten, beeinflussen. Niedrige Zinssätze können beispielsweise Investoren ermutigen, übermäßige Risiken

einzugehen, indem sie in riskantere Anlagen investieren,
um höhere Renditen zu erzielen. Dies kann zu erhöhter
Volatilität auf den Finanzmärkten führen und das Risiko einer
Finanzkrise erhöhen.

Darüber hinaus kann die Geldpolitik auch Auswirkungen
auf die Regulierung und Überwachung des Finanzsystems
haben. Regulierungsbehörden müssen die Auswirkungen
der geldpolitischen Maßnahmen auf die finanzielle Stabilität
sorgfältig überwachen und Maßnahmen ergreifen, um Risiken
zu mildern.

Schließlich ist die Koordination zwischen Geldpolitik
und makroprudenziellen Maßnahmen entscheidend
für die Aufrechterhaltung der finanziellen Stabilität.
Makroprudentielle Politik bezieht sich auf Maßnahmen
zur Minderung systemischer Risiken im Finanzsystem.
Dazu gehören die Regulierung und Überwachung von
Banken, das Risikomanagement und die Überwachung
der Anlagepreisentwicklung. Die Koordination zwischen
Geldpolitik und makroprudenzieller Politik ist entscheidend
für die Sicherung der finanziellen Stabilität.

Banken und Finanzmärkte

Einführung in die Finanzmärkte und ihre Rolle

Finanzmärkte sind Orte, an denen Finanztitel wie Aktien, Anleihen, Derivate und Währungen gehandelt werden. Diese Märkte spielen eine entscheidende Rolle in der Wirtschaft, da sie Unternehmen, Regierungen und Einzelpersonen ermöglichen, ihre Projekte durch Kapitalbeschaffung bei Investoren zu finanzieren. Sie bieten auch Investoren die Möglichkeit, ihr Portfolio zu diversifizieren und Gewinne zu erzielen, indem sie in Wertpapiere investieren, deren Potenzial für Wachstum besteht.

Die Finanzmärkte haben sich im Laufe der Zeit zu komplexen Systemen entwickelt, die mit der Weltwirtschaft vernetzt sind. Sie bestehen aus verschiedenen Finanzinstitutionen wie Börsen, Maklern, Investmentbanken und Pensionsfonds. Diese Institutionen erleichtern den Finanzverkehr zwischen den verschiedenen Marktteilnehmern.

Die Hauptaufgabe der Finanzmärkte besteht darin, den Geld- und Finanztitelverkehr zu erleichtern. Sie ermöglichen es Unternehmen, durch die Ausgabe von Aktien oder Anleihen Kapital zu beschaffen, die dann von Investoren gekauft werden. Regierungen können ebenfalls Kapital durch die Ausgabe von Staatsanleihen beschaffen.

Die Finanzmärkte dienen auch dazu, Risiken zu transferieren. Investoren können Derivate kaufen, um sich gegen Marktrisiken wie Zins- oder Rohstoffpreisschwankungen abzusichern. Investmentbanken können ebenfalls Derivate kaufen, um die Risiken ihrer Portfolios auf andere Investoren zu übertragen.

Die Finanzmärkte spielen auch eine wichtige Rolle bei der Festlegung der Preise für Finanzanlagen. Die Preise werden durch Angebot und Nachfrage bestimmt und werden von vielen Faktoren beeinflusst, wie wirtschaftlichen Daten, politischen Ereignissen, globalen Ereignissen und Unternehmensankündigungen. Investoren können technische und fundamentale Analysen nutzen, um Vermögenswerte zu bewerten und Anlageentscheidungen zu treffen.

Finanzinstrumente und Derivate

Finanzinstrumente und Derivate sind komplexe Finanzinstrumente, die die Finanzwelt in den letzten Jahrzehnten revolutioniert haben. Derivate sind Finanzverträge, deren Wert von einem zugrunde liegenden Vermögenswert wie Aktien, Währungen, Rohstoffen oder Zinssätzen abhängt. Finanzinstrumente sind handelbare Schuldtitel wie Aktien, Anleihen, Investmentzertifikate, Optionsscheine und Optionen. Banken sind wichtige Akteure auf den Märkten für diese Finanzinstrumente und Derivate.

Derivate bieten Investoren viele Vorteile wie die Möglichkeit, sich gegen Preisänderungen abzusichern, auf Wertänderungen von Basiswerten zu spekulieren, ihr Portfolio zu diversifizieren und ihre Renditen zu maximieren. Diese Finanzinstrumente bergen jedoch auch erhebliche Risiken, da sie zu erheblichen Verlusten und sogar Finanzkrisen führen können.

Die Finanzkrise von 2008 hat die Risiken im Zusammenhang mit dem übermäßigen Einsatz von Derivaten, insbesondere von Kreditderivate (Credit Default Swaps - CDS), verdeutlicht, die zum Bankrott einiger großer Banken beigetragen haben. Seitdem haben Regulierungsbehörden Maßnahmen ergriffen, um die mit diesen Finanzinstrumenten verbundenen Risiken zu begrenzen, indem sie Eigenkapitalanforderungen stärken und Grenzen für die Positionen von Banken festlegen.

Finanzinstrumente wurden wiederum von Unternehmen weitgehend genutzt, um Kapital zu beschaffen und sich zu niedrigeren Kosten zu finanzieren. Aktien sind Finanzinstrumente, die einen Anteil an einem Unternehmen repräsentieren und Rechte wie Stimmrecht und Dividendenanspruch bieten. Anleihen hingegen sind handelbare Schuldtitel, die eine Schuld gegenüber dem Investor darstellen. Banken können diese Finanzinstrumente emittieren, um ihre Aktivitäten zu finanzieren oder an Kunden zu verkaufen.

Banken spielen auch eine wichtige Rolle auf den Kapitalmärkten, wo sie als Makler, Market-Maker und Underwriter für Aktien- und Anleiheemissionen auftreten. Banken können auch in Investmentfonds und Beteiligungsgesellschaften investieren, um Renditen für ihre Kunden zu erwirtschaften.

Schließlich haben die Nutzung digitaler Technologien und Innovationen wie Blockchain und Smart Contracts das Potenzial, die Märkte für Finanzinstrumente und

Derivate radikal zu verändern. Banken sollten daher diese technologischen Entwicklungen weiterhin genau verfolgen, um wettbewerbsfähig zu bleiben und ihren Kunden innovative Dienstleistungen anzubieten.

Interaktion zwischen Banken und Finanzmärkten

Die Interaktion zwischen Banken und Finanzmärkten ist eng und komplex. Banken haben enge Verbindungen zu den Finanzmärkten, da sie als Finanzintermediäre, Emittenten von Schulden und Aktien, Kreditgeber und Investoren wichtige Rollen spielen. Die Finanzmärkte wiederum stellen Liquidität und Finanzierungsquellen für Banken bereit.

Banken interagieren auf verschiedene Weise mit den Finanzmärkten. Erstens können Banken auf den Finanzmärkten aktiv sein, indem sie Finanztitel wie Aktien, Anleihen, Währungen und Derivate kaufen und verkaufen. Zweitens emittieren Banken Schulden auf den Finanzmärkten, indem sie Anleihen, handelbare Schuldtitel und andere Schuldinstrumente verkaufen. Drittens können Banken Geld an Unternehmen oder Einzelpersonen verleihen, indem sie Mittel nutzen, die sie auf den Finanzmärkten aufgenommen haben.

Die Finanzmärkte können auch auf verschiedene Weise Auswirkungen auf Banken haben. Preisschwankungen auf den Finanzmärkten können erhebliche Auswirkungen auf die Wertpapierportfolios und finanziellen Ergebnisse von Banken haben. Beispielsweise können Zinsschwankungen den Wert von Vermögenswerten und Verbindlichkeiten von Banken und somit ihre Nettogewinne beeinflussen. Währungsschwankungen können ebenfalls erhebliche Auswirkungen auf die finanziellen Ergebnisse von Banken haben, die auf internationalen Märkten tätig sind.

Banken und Finanzmärkte können voneinander abhängig sein, aber das bedeutet nicht, dass sie immer harmonisch zusammenarbeiten. Finanzkrisen können entstehen, wenn Banken und Finanzmärkte gleichzeitig mit externen Schocks konfrontiert werden. Zum Beispiel wurde die globale Finanzkrise 2008 durch den Zusammenbruch großer Investmentbanken ausgelöst und führte zu einer Liquiditätskrise auf den Finanzmärkten.

Investmentbanken und ihre Aktivitäten

Investmentbanken sind Finanzinstitute, die Investmentberatungs- und Emissionsdienstleistungen für Unternehmen, Regierungen und Finanzinstitute anbieten. Diese Dienstleistungen sollen Kunden bei der Kapitalbeschaffung auf den Finanzmärkten, der Verwaltung von Finanzrisiken und dem Kauf oder Verkauf von Finanzanlagen helfen.

Investmentbanken unterscheiden sich von Geschäftsbanken durch ihren Schwerpunkt auf Marktaktivitäten statt auf Kreditvergabe und Einlagen. Sie arbeiten oft mit Kunden zusammen, die anspruchsvollere finanzielle Bedürfnisse haben, wie Großunternehmen, Hedgefonds und institutionelle Investoren.

Die Aktivitäten von Investmentbanken umfassen
Investmentberatung, Vermögensverwaltung,
Wertpapierhandel, Emissions von Wertpapieren und die
Schaffung strukturierter Finanzprodukte. Investmentberatung
besteht darin, Kunden Empfehlungen zur Verwaltung ihres
Portfolios und zur Investitionsentscheidung zu geben.
Vermögensverwaltung beinhaltet das Management von
Anlageportfolios für Kunden wie Pensionsfonds oder
institutionelle Investoren.

Wertpapierhandel bezieht sich auf den Kauf und Verkauf
von Wertpapieren auf den Finanzmärkten, um Gewinne
für die Investmentbank zu erzielen. Die Emission von
Wertpapieren bedeutet, Kunden bei der Emission neuer
Wertpapiere auf den Finanzmärkten zu unterstützen, indem
Käufer für diese Papiere gefunden werden. Die Schaffung
strukturierter Finanzprodukte beinhaltet das Design und den
Verkauf komplexer Finanzinstrumente wie Kreditderivate,
die verwendet werden können, um finanzielle Risiken
abzusichern.

Investmentbanken waren auch in kontroversen Aktivitäten
wie der Verbriefung von Hypothekendarlehen involviert, die
zur Finanzkrise von 2008 beigetragen hat. Seit dieser Krise
haben Regulierungsbehörden strengere Beschränkungen für
die Aktivitäten von Investmentbanken eingeführt.

Technologische Innovationen und ihre Auswirkungen auf den Bankensektor

Der Aufstieg der Fintech-Unternehmen

In den letzten Jahren haben Fintech-Unternehmen einen bedeutenden Platz in der Finanzindustrie eingenommen. Fintech-Unternehmen sind technologische Start-ups, die Technologie nutzen, um innovative Finanzdienstleistungen für Verbraucher anzubieten. Diese Unternehmen haben den traditionellen Finanzmarkt gestört, indem sie schnellere, effizientere und zugänglichere Dienstleistungen als herkömmliche Banken anbieten.

Fintech-Unternehmen haben benutzerfreundliche mobile Anwendungen entwickelt, mit denen die Nutzer ihr Geld in Echtzeit verwalten, sofortige Überweisungen tätigen, an der Börse investieren und ihr Portfolio sicher verwalten können. Fintech-Unternehmen haben auch fortschrittliche Technologien wie künstliche Intelligenz und Blockchain entwickelt, um schnellere und zugänglichere Kredit-, Versicherungs- und Zahlungsdienstleistungen anzubieten.

Diese Innovationen haben nicht nur die Art und Weise verändert, wie Finanzdienstleistungen angeboten werden, sondern auch einen Wettbewerb für traditionelle Banken geschaffen. Fintech-Unternehmen haben Kunden durch ihr Angebot an innovativeren und maßgeschneiderten Dienstleistungen sowie oft niedrigere Gebühren als herkömmliche Banken gewonnen. Verbraucher können nun auf Finanzdienstleistungen zugreifen, ohne eine physische Bankfiliale aufsuchen zu müssen.

Allerdings sind Fintech-Unternehmen nicht ohne Risiken. Verbraucher müssen sich der Risiken bewusst sein, die mit der Nutzung dieser Dienste verbunden sind, wie Daten-Sicherheit, Betrug und das Risiko von Geldverlust. Finanzregulierungsbehörden haben auch Maßnahmen ergriffen, um die Aktivitäten von Fintech-Unternehmen zu überwachen, um Verbraucher zu schützen und finanzielle Stabilität zu gewährleisten.

Trotz der Risiken gewinnen Fintech-Unternehmen weiterhin an Popularität und sind zu Treibern der Innovation in der Finanzindustrie geworden. Traditionelle Banken sind nun gezwungen, Innovationen voranzutreiben, um wettbewerbsfähig zu bleiben und auf die Bedürfnisse ihrer Kunden einzugehen. Fintech-Unternehmen haben auch neue Geschäftsmodelle geschaffen, die Partnerschaften zwischen traditionellen Banken und Fintech-Unternehmen hervorgebracht haben, um innovativere und effizientere Finanzdienstleistungen anzubieten.

Die Digitalisierung von Bankdienstleistungen

Die Digitalisierung von Bankdienstleistungen ist eine der wichtigsten Veränderungen, die derzeit in der Bankenbranche stattfinden. Fortschritte in der Technologie haben zu neuen Zahlungslösungen, neuen Finanzdienstleistungsangeboten, neuen Kommunikationskanälen und neuen Möglichkeiten

zur Vermögensverwaltung geführt. Diese Digitalisierung hat
sich auf alle Bankaktivitäten, von der Kontoeröffnung bis zum
Risikomanagement, erstreckt.

Die Digitalisierung von Bankdienstleistungen hat den
Zugang zu Finanzdienstleistungen für Kunden einfacher,
schneller und sicherer gemacht. Traditionelle Banken
haben begonnen, mobile Anwendungen anzubieten,
um die Kontoverwaltung, Online-Zahlungen und den
Überblick über Transaktionshistorien zu erleichtern. Diese
Anwendungen haben den Antragsprozess vereinfacht und
maßgeschneiderte Serviceangebote für Kunden ermöglicht.

Fintech-Unternehmen sind auch als Alternative zu
herkömmlichen Banken aufgetaucht und bieten
ausschließlich Online-Banking-Dienstleistungen an. Diese
Neobanken haben es geschafft, viele Kunden durch
wettbewerbsfähige Angebote und innovative Dienstleistungen
anzuziehen. Neobanken bieten maßgeschneiderte
Dienstleistungen, attraktivere Kreditangebote und
hochentwickelte Budgetmanagement-Funktionen.

Die Digitalisierung von Bankdienstleistungen hat auch
zu neuen Zahlungslösungen wie mobilem Bezahlen und
elektronischer Währung geführt. Diese neuen Lösungen
haben die Zahlungsprozesse vereinfacht, Transaktionskosten
reduziert und die Sicherheit von Transaktionen erhöht. Mobile
Zahlungslösungen sind bei Verbrauchern beliebt geworden,
die ihre Einfachheit und Bequemlichkeit schätzen.

Die Digitalisierung von Bankdienstleistungen hat auch
die Risikomanagement verbessert. Banken verwenden

nun fortschrittliche Tools zur Bewertung von Kredit- und Marktchancen sowie zur Überwachung verdächtiger Aktivitäten. Banken haben auch in die Cybersicherheit investiert, um die persönlichen Daten ihrer Kunden zu schützen und Betrug zu verhindern.

Die Digitalisierung von Bankdienstleistungen hat schließlich den Zugang zu Finanzdienstleistungen erweitert, insbesondere in Entwicklungsländern. Fintech-Unternehmen haben Mikrofinanzinitiativen ins Leben gerufen, um kleine Unternehmen und Bevölkerungsgruppen, die vom traditionellen Bankensystem ausgeschlossen sind, zu unterstützen. Online-Banken und Neobanken haben auch dazu beigetragen, Transaktionskosten zu senken und allen zugängliche Finanzdienstleistungen anzubieten.

Kryptowährungen und Blockchain

Kryptowährungen und Blockchain sind Themen, die immer präsenter in der Finanz- und Bankenwelt werden. Kryptowährungen sind digitale Währungen, die in der Regel dezentralisiert sind und nicht von einer Zentralbank oder einer Regierungsbehörde reguliert werden. Die Blockchain hingegen ist eine Informationstechnologie, die als öffentliches und dezentralisiertes Hauptbuch fungiert.

Obwohl diese Technologien noch relativ neu sind, haben sie das Potenzial, den Bankensektor zu revolutionieren, indem sie eine Alternative zu traditionellen Methoden der Geldverwaltung bieten. Kryptowährungen können eine erhöhte Sicherheit und Transparenz sowie eine Kostenreduzierung für Geldtransfers und grenzüberschreitende Transaktionen bieten. Die Blockchain kann ebenfalls eine erhöhte Sicherheit und Transparenz für Transaktionen bieten und das Risiko von Betrug und Hacking verringern.

Allerdings sind Kryptowährungen und Blockchain auch mit erheblichen Risiken verbunden. Kryptowährungen sind noch relativ volatil und unterliegen erheblichen und unvorhersehbaren Preisschwankungen. Die dezentralisierte Natur von Kryptowährungen bedeutet auch, dass verlorene oder gestohlene Gelder schwer wiederzugewinnen sind. Die Blockchain ist ebenfalls anfällig für Cyberangriffe, obwohl sie als sicherer als herkömmliche Methoden der Datenspeicherung betrachtet wird.

Banken beginnen, Kryptowährungen und Blockchain in ihre Serviceangebote zu integrieren. Einige Banken bieten bereits Konten für Kryptowährungs-Investoren an sowie Zahlungsoptionen, die auf der Blockchain basieren. Einige Banken nutzen auch die Blockchain-Technologie für das interne Geschäftsmanagement.

Künstliche Intelligenz und Automatisierung

Künstliche Intelligenz (KI) und Automatisierung sind zwei Themen, die in den letzten Jahren eine wichtige Rolle im Bankensektor spielen. Technologische Fortschritte haben es den Banken ermöglicht, effizienter und rentabler zu werden, indem sie bestimmte repetitive Aufgaben automatisieren.

KI ist eine Technologie, die Maschinen das Lernen und die Verbesserung basierend auf den verarbeiteten Daten ermöglicht. Im Bankensektor wird KI eingesetzt, um Aufgaben wie die Überprüfung von Kundenhintergrundinformationen, die Kreditrisikobewertung und die Betrugsbekämpfung zu automatisieren. Sie kann auch Kunden bei finanziellen Entscheidungen unterstützen, indem sie personalisierte Ratschläge basierend auf ihrem Profil und ihren Zielen liefert.

Die Automatisierung ermöglicht die Automatisierung von physischeren Aufgaben wie Bargeldmanagement und Dokumentenbearbeitung. Sie erhöht auch die Geschwindigkeit und Effizienz von Bankprozessen.

Diese technologischen Fortschritte haben Auswirkungen auf die Bankmitarbeiter. Tätigkeiten, die früher von Menschen durchgeführt wurden, können nun von Maschinen übernommen werden, was zu Arbeitsplatzverlusten führen kann. Allerdings ermöglicht die Automatisierung den Mitarbeitern auch, sich auf komplexere und wertschöpfende Aufgaben zu konzentrieren.

KI und Automatisierung haben auch Auswirkungen auf Bankkunden. Einerseits können sie den Banken helfen, die Bedürfnisse ihrer Kunden besser zu verstehen und ihnen maßgeschneiderte Produkte und Dienstleistungen anzubieten. Andererseits können sie auch zu Kosteneinsparungen führen, was niedrigere Gebühren für die Kunden bedeuten kann.

Die Verwendung von KI und Automatisierung wirft jedoch auch ethische und Sicherheitsfragen auf. Kundendaten müssen geschützt werden und die Algorithmen, die zur Entscheidungsfindung verwendet werden, müssen transparent und fair sein.

Die Herausforderungen der Cybersicherheit

Die Cybersicherheit ist eine wichtige Herausforderung für moderne Banken, die die Daten ihrer Kunden, finanzielle Transaktionen und ihre eigenen Informationssysteme schützen müssen. Banken sind ein bevorzugtes Ziel für Hacker und Cyberkriminelle, die Sicherheitslücken ausnutzen, um vertrauliche Informationen zu stehlen, Geld zu stehlen oder Bankgeschäfte zu stören.

Um diesen Bedrohungen entgegenzuwirken, müssen Banken wirksame Sicherheitsmaßnahmen einführen, indem sie hochmoderne Technologien zur Erkennung und Verhinderung von Angriffen nutzen und ihr Personal in der Bewältigung von IT-Risiken schulen. Cybersicherheit ist eine anhaltende Sorge für Banken, die gegenüber den sich entwickelnden Bedrohungen und Technologien wachsam bleiben müssen.

Banken müssen auch die Normen und Vorschriften für Cybersicherheit einhalten, indem sie den Richtlinien nationaler und internationaler Regulierungsbehörden entsprechen. Sie müssen Business Continuity-Pläne umsetzen, um die Verfügbarkeit von Bankdienstleistungen im Falle eines Sicherheitsvorfalls sicherzustellen, und gegenüber ihren Kunden transparent sein, welche Sicherheitsmaßnahmen sie zum Schutz ihrer Daten implementieren.

Die Herausforderungen der Cybersicherheit für Banken
sind vielfältig und reichen von Datenschutz für Kunden bis
zur Wahrung der finanziellen Stabilität. Banken müssen in
der Lage sein, IT-Angriffe zu erkennen und zu verhindern,
gleichzeitig die Verfügbarkeit von Bankdienstleistungen
und den Schutz von Kundendaten zu gewährleisten. Dafür
müssen sie in hochmoderne Technologien investieren und ihr
Personal in der Bewältigung von IT-Risiken schulen.

Insgesamt ist die Cybersicherheit eine entscheidende
Herausforderung für moderne Banken, die mit
einer ständigen und sich entwickelnden Bedrohung
konfrontiert sind. Banken müssen in der Lage sein, ihre
Informationssysteme, finanziellen Transaktionen und
Kundendaten zu schützen und gleichzeitig die gesetzlichen
Normen und Vorschriften in Bezug auf Sicherheit einzuhalten.

Die Bank und die internationale Wirtschaft

Banken im internationalen Handel

Banken spielen eine entscheidende Rolle im internationalen Handel, indem sie Unternehmen und Regierungen wesentliche Finanzdienstleistungen bereitstellen. Banken sind oft am internationalen Handelsfinanzierung beteiligt und bieten Produkte wie Dokumentenakkreditive, Garantien und Dokumentenakkreditive an. Banken sind auch häufig am internationalen Zahlungsverkehr beteiligt und erleichtern den Geldtransfer zwischen den am internationalen Handel beteiligten Parteien.

Banken können Unternehmen auch dabei helfen, das Wechselkursrisiko zu bewältigen, indem sie Finanzprodukte wie Termingeschäfte und Optionen anbieten. Diese Produkte ermöglichen es Unternehmen, sich gegen Wechselkursschwankungen abzusichern und ihre Wechselkursrisiken zu managen.

Banken spielen auch eine wichtige Rolle bei der Finanzierung von Infrastruktur- und Auslandsprojekten. Entwicklungsbanken können beispielsweise Finanzierungen für Infrastrukturprojekte und Entwicklungsprojekte in Entwicklungsländern bereitstellen. Geschäftsbanken können ebenfalls an der Finanzierung von Auslandsprojekten beteiligt sein und langfristige Darlehen und strukturierte Finanzierungen anbieten.

Banken sind auch an der Finanzierung des internationalen
Handels von Rohstoffen wie Öl und Metallen beteiligt. Banken
können Unternehmen bei der Finanzierung des Rohstoffkaufs
unterstützen, indem sie strukturierte Finanzierungen
anbieten und als Broker für Rohstoffterminkontrakte agieren.

Allerdings sind Banken auch Risiken im internationalen
Handel ausgesetzt, wie Kreditrisiken und Wechselkursrisiken.
Daher müssen Banken in der Lage sein, diese Risiken effektiv
und vorsichtig zu managen.

Die Rolle der Banken in Finanzkrisen

Die Rolle der Banken in Finanzkrisen ist ein entscheidendes
Thema, um zu verstehen, wie Banken wirtschaftliche
Instabilitäten beeinflussen und dazu beitragen können.
Finanzkrisen waren prägende Ereignisse der jüngsten
Wirtschaftsgeschichte, und Banken wurden häufig als eine
der Hauptursachen für diese Krisen verantwortlich gemacht.

In Finanzkrisen sind Banken in vielerlei Hinsicht involviert.
Eine der Hauptursachen ist die übermäßige Kreditvergabe.
Banken haben oft Darlehen an Schuldner vergeben, die diese
nicht zurückzahlen konnten, und dadurch Kreditblasen und
übermäßige Verschuldung geschaffen. Banken waren auch
an spekulativen Aktivitäten auf den Finanzmärkten beteiligt,
oft unter Verwendung von komplexen Finanzprodukten wie
Derivaten. Banken waren auch an unangemessenen und
intransparenten Risikomanagementpraktiken beteiligt, was
bedeutende systemische Risiken für die Wirtschaft schuf.

Wenn diese Kreditblasen platzen und Risiken real werden, können Banken in Schwierigkeiten geraten. Wenn Schuldner ihre Schulden nicht zurückzahlen können, können Banken erhebliche Verluste erleiden, die zu Bankinsolvenzen und Finanzkrisen führen können. Diese Krisen können sich auch auf das gesamte Finanzsystem ausbreiten und eine breitere wirtschaftliche Krise verursachen.

In diesem Zusammenhang spielen Zentralbanken und Finanzaufsichtsbehörden eine entscheidende Rolle bei der Begrenzung der Risiken und Auswirkungen von Finanzkrisen. Zentralbanken können als Letztresortkreditgeber für in Schwierigkeiten geratene Banken fungieren und Liquidität bereitstellen, um Bankinsolvenzen zu verhindern. Finanzaufsichtsbehörden können ebenfalls eine wichtige Rolle spielen, indem sie riskante Bankpraktiken begrenzen und ausreichende Reserven zur Bewältigung von Risiken fordern.

Es ist jedoch wichtig anzumerken, dass Banken nicht allein für Finanzkrisen verantwortlich sind. Auch andere Akteure wie Regierungen, Finanzaufsichtsbehörden und Investoren haben eine Rolle bei der Verhütung und Minderung von Finanzkrisen.

Die Geldpolitik und Zentralbanken

Die Geldpolitik ist ein Instrumentarium, das von Zentralbanken eingesetzt wird, um die Geldmenge im Umlauf zu beeinflussen und die Wirtschaft zu regulieren. Zentralbanken haben eine entscheidende Rolle für die finanzielle und wirtschaftliche Stabilität eines Landes.

Eine der Hauptaufgaben von Zentralbanken ist die Kontrolle der Geldmenge im Umlauf. Dafür nutzen sie verschiedene Instrumente wie die Festlegung von Zinssätzen, den Kauf und Verkauf von Staatsanleihen auf dem Markt oder die Regulierung der Mindestreserven der Geschäftsbanken. Das Ziel besteht darin, das Verhalten der wirtschaftlichen Akteure (Haushalte, Unternehmen, Banken) zu beeinflussen, um das Wirtschaftswachstum zu fördern und die Inflation zu begrenzen.

Die Auswirkungen der Geldpolitik auf Banken sind erheblich. Tatsächlich sind Geschäftsbanken die Hauptprofiteure der von Zentralbanken ergriffenen Maßnahmen. Wenn zum Beispiel die Zentralbank ihre Zinssätze senkt, wird Kredit günstiger, was die Kreditnachfrage stimuliert und zu einer Erhöhung der Bankeinlagen führen kann. Dadurch können Banken höhere Gewinne erzielen.

Allerdings können Banken auch negativ von geldpolitischen Maßnahmen betroffen sein. Eine Erhöhung der Zinssätze kann die Kosten für Kredite erhöhen, was Kreditnehmer abschrecken und zu einer Verringerung der Bankeinlagen führen kann. Dies kann zu einer Verringerung der Gewinne von Banken führen und ihre Kreditvergabekapazität beeinträchtigen.

Zentralbanken spielen auch eine wichtige Rolle bei der finanziellen Stabilität. Sie sind für die Überwachung und Regulierung von Geschäftsbanken sowie für das Management von Bankenkrisen zuständig. Zentralbanken setzen

Maßnahmen zur Einlagensicherung und Krisebewältigung
ein, um Bankpaniken zu vermeiden und das Vertrauen der
Einleger zu bewahren.

Die Geldpolitik und Zentralbanken spielen auch
eine Schlüsselrolle im internationalen Handel.
Wechselkursschwankungen können erhebliche Auswirkungen
auf die Wirtschaft und den Handel eines Landes haben.
Zentralbanken können auf Devisenmärkten eingreifen, um
Wechselkurse zu stabilisieren und abrupte Schwankungen zu
vermeiden.

Die ethischen und Umweltaspekte

Nachhaltiges Finanzwesen und sozial verantwortliches Investieren (SRI)

Nachhaltiges Finanzwesen und sozial verantwortliches Investieren (SRI) sind relativ neue Konzepte in der Bankenwelt, aber sie werden immer wichtiger für Verbraucher und Investoren, die sich um die sozialen und Umweltauswirkungen ihrer finanziellen Entscheidungen kümmern.

Sozial verantwortliches Investieren (SRI) ist ein Investitionsansatz, der darauf abzielt, in Unternehmen zu investieren, die soziale, Umwelt- und Governance-Kriterien (ESG) erfüllen. Dieser Ansatz berücksichtigt die Auswirkungen von Unternehmen auf Gesellschaft und Umwelt bei der Auswahl der Investments.

Banken haben eine Schlüsselrolle bei sozial verantwortlichen Investitionen, indem sie Finanzprodukte und -dienstleistungen anbieten, die ESG-Kriterien berücksichtigen. Banken können auch eine Aufklärungsrolle für ihre Kunden über die Vorteile sozial verantwortlichen Investierens spielen.

Nachhaltiges Finanzwesen ist ein breiterer Ansatz, der die Auswirkungen von Finanzinstitutionen auf Gesellschaft und Umwelt berücksichtigt. Banken können ESG-Kriterien in ihre eigenen Betriebsabläufe und Investitionsstrategien integrieren, um einen positiven Einfluss auf Gesellschaft und Umwelt zu haben.

Beispielsweise können Banken Projekte finanzieren, die positive Auswirkungen auf die Umwelt haben, wie erneuerbare Energien oder Artenschutz. Sie können sich auch dazu verpflichten, ihren eigenen CO_2-Fußabdruck zu reduzieren, indem sie erneuerbare Energien in ihren Betriebsabläufen nutzen und ihren Energieverbrauch reduzieren.

Nachhaltiges Finanzwesen und sozial verantwortliches Investieren sind nicht nur ethische Ansätze, sondern können auch rentabel sein. Unternehmen, die ESG-Kriterien erfüllen, können langfristig widerstandsfähiger und leistungsfähiger sein, da sie besser auf Umwelt- und soziale Risiken vorbereitet sind.

Banken und der Kampf gegen den Klimawandel

Banken spielen eine wichtige Rolle im Kampf gegen den Klimawandel. Indem sie umweltfreundliche Projekte finanzieren, können sie zur Reduzierung von Treibhausgasemissionen beitragen und den Übergang zu einer grüneren Wirtschaft fördern.

Allerdings wurden Banken lange Zeit für ihr mangelndes Engagement für die Umwelt kritisiert. Heute erkennen immer mehr Banken die Dringlichkeit der Situation und verpflichten sich, nachhaltige und verantwortungsbewusste Projekte zu finanzieren.

Diese Initiativen können verschiedene Formen annehmen, wie die Einführung von Kreditrichtlinien für grüne Projekte, Investitionen in nachhaltige Fonds oder die Einführung spezifischer Finanzprodukte zur Finanzierung des Energiewandels.

Es ist jedoch wichtig zu beachten, dass der Kampf gegen den Klimawandel nicht nur als kommerzielle Gelegenheit für Banken betrachtet werden sollte. Es ist eine entscheidende Frage für den Planeten und für zukünftige Generationen.

Daher ist es von entscheidender Bedeutung, dass Banken sich zu strengen Umweltstandards verpflichten und nachhaltige Praktiken in ihren täglichen Geschäftstätigkeiten umsetzen. Dies kann durch Initiativen wie die Reduzierung von Treibhausgasemissionen in den eigenen Aktivitäten, die Einführung von Recyclingrichtlinien oder den Einsatz erneuerbarer Energien geschehen.

Schließlich ist es wichtig zu betonen, dass der Kampf gegen den Klimawandel nur kollektiv geführt werden kann. Die Banken haben eine Rolle zu spielen, aber es ist auch entscheidend, dass Regierungen, Unternehmen und Bürger sich verpflichten, ihren CO_2-Fußabdruck zu reduzieren und den Übergang zu einer grüneren Wirtschaft zu unterstützen.

Mikrofinanz und finanzielle Inklusion

Mikrofinanz ist ein wesentliches Instrument zur Förderung der finanziellen Inklusion in Entwicklungsländern. Sie besteht darin, Finanzdienstleistungen für Menschen anzubieten, die keinen Zugang zu herkömmlichen Bankdienstleistungen haben, wie Kredite, Sparkonten und Geldtransfers. Die Empfänger von Mikrofinanz sind oft Kleinstunternehmer, Kleinbauern und selbstständige Arbeitnehmer, die ihr wirtschaftliches Geschäft ausbauen oder in ihre eigene Bildung oder die ihrer Kinder investieren möchten.

Mikrofinanz wird oft mit Mikrofinanzinstitutionen (MFI) in Verbindung gebracht, die Organisationen sind, die diese Finanzdienstleistungen anbieten. MFIs wurden gegründet, um Armut zu bekämpfen und den ärmsten Menschen wirtschaftliche Autonomie zu ermöglichen. Diese Institutionen sind seit den 1970er Jahren in Lateinamerika und Asien entstanden und haben in den letzten Jahrzehnten einen rapiden Wachstum erlebt.

MFIs haben eine bedeutende Auswirkung auf das Leben vulnerabler Bevölkerungsgruppen in Entwicklungsländern. Die von ihnen gewährten Kredite ermöglichen es Unternehmern, ihr Unternehmen zu starten oder auszubauen, Ausrüstung zu kaufen oder Produkte zu lagern. Die von MFIs angebotenen Sparkonten ermöglichen es den Menschen, Geld für schwierige Zeiten beiseite zu legen und in ihre Zukunft zu investieren. Geldtransfers ermöglichen es Wanderarbeitern, ihre im Heimatland gebliebene Familie zu unterstützen.

Mikrofinanz hat auch eine positive Auswirkung auf die Gesellschaft insgesamt. Sie trägt zur Armutsbekämpfung bei, schafft Arbeitsplätze und belebt die lokale Wirtschaft. Sie stärkt auch das Vertrauen der Menschen in Finanzinstitutionen und erleichtert den Zugang zu anderen Finanzdienstleistungen wie Versicherungen und Krediten für größere Unternehmen.

Allerdings ist Mikrofinanz nicht ohne Risiken. MFIs müssen mit Herausforderungen wie der Kreditrückzahlung, Risikomanagement, Finanzierung des eigenen Wachstums und Regulierung umgehen. Sie müssen auch Transparenz und Verantwortlichkeit gewährleisten, um das Vertrauen von Investoren und Begünstigten zu gewährleisten.

Trotz dieser Herausforderungen wächst Mikrofinanz weiter und hat eine positive Auswirkung auf vulnerable Bevölkerungsgruppen in Entwicklungsländern. Sie ist zu einem wichtigen Instrument geworden, um finanzielle Inklusion zu fördern und denen, die es benötigen, zu ermöglichen, ihr wirtschaftliches Potenzial zu entfalten.

Perspektiven für den Bankensektor

Herausforderungen und Chancen für traditionelle Banken

Traditionelle Banken begegnen zahlreichen Herausforderungen und Chancen in einer sich ständig verändernden wirtschaftlichen und technologischen Umgebung. Zu den Herausforderungen für traditionelle Banken zählen der zunehmende Wettbewerb durch Neobanken und Fintech-Unternehmen, sich ändernde gesetzliche Vorschriften, Margendruck und die Notwendigkeit weiterer Innovationen, um Kundenbedürfnissen gerecht zu werden.

Der zunehmende Wettbewerb durch Neobanken und Fintech-Unternehmen stellt eine der größten Herausforderungen für traditionelle Banken dar. Neobanken und Fintech-Unternehmen haben niedrigere Betriebskosten und sind oft agiler, wenn es darum geht, auf Kundenbedürfnisse einzugehen. Sie bieten auch innovative Produkte und Dienstleistungen an, die Kunden anlocken, die eine personalisierte und digitale Bankenerfahrung suchen.

Eine weitere Herausforderung für traditionelle Banken ist die Entwicklung gesetzlicher Vorschriften. Gesetzliche Vorschriften werden immer strenger, was es traditionellen Banken schwer macht, rentabel zu bleiben und gleichzeitig den Compliance-Standards gerecht zu werden. Banken müssen in der Lage sein, den neuen Regulierungen zu folgen, während sie sicherstellen, dass Compliance sie nicht daran hindert, innovative und wettbewerbsfähige Produkte und Dienstleistungen anzubieten.

Der Margendruck ist ebenfalls eine Herausforderung für traditionelle Banken. Die Margen der traditionellen Banken stehen aufgrund niedriger Zinssätze, zunehmendem Wettbewerb und hoher Compliance-Kosten unter Druck. Banken müssen ihre Kosten effizient verwalten und gleichzeitig gesunde Margen aufrechterhalten können.

Allerdings gibt es auch Chancen für traditionelle Banken. Eine dieser Chancen besteht darin, ihren Kunden ergänzende Produkte und Dienstleistungen anzubieten. Traditionelle Banken haben eine etablierte Beziehung zu ihren Kunden und können diese Beziehung nutzen, um Dienstleistungen wie Vermögensverwaltung, Hypothekarkredite und Versicherungen anzubieten. Dadurch können Banken ihre Einkommensquellen diversifizieren und gesunde Margen beibehalten.

Traditionelle Banken haben auch die Möglichkeit, sich an sich ändernde Technologien anzupassen. Banken können künstliche Intelligenz, Blockchain und andere Technologien nutzen, um ihre Betriebseffizienz zu verbessern, personalisierte Dienstleistungen anzubieten und die Kundenerfahrung zu verbessern. Traditionelle Banken können auch Kundendaten nutzen, um ihre Dienstleistungen und Produkte zu verbessern.

Die Zukunft der Banken und technologische Entwicklungen

Die Zukunft der Banken ist eng mit der raschen Entwicklung der Technologie verbunden. Fintech-Unternehmen und Technologiegiganten wie Google, Apple, Facebook und Amazon (GAFA) verändern den traditionellen Bankensektor. Die Banken stehen vor zunehmendem Wettbewerb und müssen sich schnell an technologische Entwicklungen anpassen, um wettbewerbsfähig zu bleiben. In diesem Abschnitt werden wir uns die wichtigsten Trends und Herausforderungen ansehen, denen die Banken in den kommenden Jahren gegenüberstehen werden.

Zunächst einmal verändert die Digitalisierung radikal die Art und Weise, wie Banken mit ihren Kunden interagieren. Online- und mobile Bankdienste werden immer beliebter, was es Kunden ermöglicht, ihre Konten von überall und zu jeder Zeit zu verwalten und Transaktionen durchzuführen. Banken müssen in robuste und benutzerfreundliche digitale Plattformen investieren, um den Bedürfnissen ihrer Kunden gerecht zu werden.

Darüber hinaus müssen sich Banken auf die Einführung disruptiver neuer Technologien wie Blockchain und Kryptowährungen vorbereiten. Die Blockchain, eine verteilte Register-Technologie, die dezentrale und transparente Transaktionen ermöglicht, hat das Potenzial, die Kosten und Verarbeitungszeiten von Transaktionen erheblich zu reduzieren. Banken müssen die Chancen, die sich durch Blockchain und Kryptowährungen ergeben, erkunden und gleichzeitig die mit diesen aufkommenden Technologien verbundenen Risiken managen.

Banken müssen auch in künstliche Intelligenz
(KI) und maschinelles Lernen investieren, um ihre
Datenverarbeitungsfähigkeiten zu verbessern. KI-Algorithmen
können Banken bei der Erkennung von Betrug helfen,
Kreditrisiken bewerten und maßgeschneiderte Angebote von
Produkten und Dienstleistungen für ihre Kunden erstellen.
Jedoch müssen Banken sich auch der Risiken bewusst
sein, die mit der Nutzung von KI verbunden sind, wie
algorithmische Diskriminierung und Voreingenommenheit.

Abschließend müssen Banken sich auf Cybersicherheit
konzentrieren, um die Daten ihrer Kunden zu schützen
und Datenverstöße zu vermeiden. Cyberangriffe werden
immer ausgefeilter, und Banken müssen in hochmoderne
Technologien investieren, um ihre Systeme und Daten zu
schützen.

Neue Trends und aufkommende Geschäftsmodelle

Neue Trends und aufkommende Geschäftsmodelle
im Bankensektor entwickeln sich ständig weiter und
beeinflussen die Art und Weise, wie Banken mit ihren Kunden
interagieren und ihre Geschäfte führen. Technologische
Fortschritte stehen im Mittelpunkt dieser Veränderungen und
ermöglichen es Banken, effizientere und maßgeschneiderte
Dienstleistungen anzubieten. Hier sind einige wichtige Trends
zu beachten:

Online-Banking: Online-Banken haben den Bankensektor revolutioniert, indem sie eine bequeme Alternative zu traditionellen Banken bieten. Durch vollständig online angebotene Dienste haben diese Banken geografische Einschränkungen aufgehoben und Kunden die Möglichkeit gegeben, ihre Konten und Transaktionen von überall auf der Welt aus zu verwalten.

Künstliche Intelligenz und Automatisierung: Banken nutzen zunehmend künstliche Intelligenz, um Datenverarbeitungsprozesse zu automatisieren und Kundendaten zu analysieren, um personalisierte Produkte und Dienstleistungen bereitzustellen. Chatbots und andere virtuelle Assistenten werden auch eingesetzt, um Kundenanfragen in Echtzeit zu beantworten.

Blockchain: Die Blockchain-Technologie ermöglicht es Banken, Gelder sicher zu transferieren, ohne auf Vertrauensdritte wie Zentralbanken angewiesen zu sein. Dadurch können Banken Transaktionskosten senken und Bearbeitungszeiten beschleunigen.

Mobile Zahlungen: Mobile Zahlungen werden in vielen Ländern zur Norm. Banken bieten mobile Anwendungen an, mit denen Kunden sicher Transaktionen von ihrem Smartphone aus durchführen können.

Neobanken: Neobanken sind Start-ups, die innovative Bankdienstleistungen wie kostenlose Geschäftskonten und maßgeschneiderte Kreditkarten anbieten. Diese neuen Unternehmen bringen den traditionellen Bankensektor durch flexiblere und kostengünstigere Lösungen in Bewegung.

Banken-Fintech-Partnerschaften: Banken arbeiten zunehmend mit Fintech-Unternehmen zusammen, um ihren Kunden innovative Dienstleistungen anzubieten. Fintech-Unternehmen bringen technologisches Know-how ein, das Banken nutzen können, um ihre Dienstleistungen zu verbessern, während Banken ihren Kundenstamm und ihr Finanz-Know-how zur Verfügung stellen.

Automatisierte Investitionsmöglichkeiten: Banken bieten zunehmend automatisierte Investitionsmöglichkeiten, sogenannte «Robo-Advisors», an. Diese Dienstleistungen nutzen Algorithmen zur Analyse von Kundendaten und bieten maßgeschneiderte Investitionen an.

Danksagung

Liebe Leserinnen und Leser,

Zunächst möchte ich Ihnen dafür danken, dass Sie sich die Zeit genommen haben, dieses Buch zu lesen. Ich hoffe, dass es Ihnen dazu gedient hat, die faszinierende Welt der Banken zu entdecken und besser zu verstehen.

Ich möchte auch allen Fachleuten aus dem Bank- und Finanzsektor danken, die bei der Erstellung dieses Buches ihre Erfahrungen und ihr Fachwissen geteilt haben. Ihr Wissen und Ihre Leidenschaft für das Thema haben dieses Buch inspiriert und bereichert.

Ich bin überzeugt, dass das Verständnis der Mechanismen von Banken und Finanzen entscheidend ist, um das

Funktionieren der Weltwirtschaft zu verstehen und fundierte Entscheidungen in unserem täglichen Leben zu treffen.

Abschließend möchte ich meine Dankbarkeit gegenüber allen Quellen zum Ausdruck bringen, die für die Erstellung dieses Buches konsultiert wurden und als Referenz dienten. Diese Quellen haben die vorgestellten Argumente unterstützt und die Qualität und Zuverlässigkeit der präsentierten Informationen gewährleistet.

Zusammenfassend hoffe ich, dass Sie die Lektüre dieses Buches so sehr genossen haben wie ich das Schreiben. Ich wünsche Ihnen alles Gute und ermutige Sie, sich weiterhin über die sich ständig weiterentwickelnde Bank- und Finanzwelt zu informieren.

Mit freundlichen Grüßen,

www.ingramcontent.com/pod-product-compliance
Lightning Source LLC
Chambersburg PA
CBHW050738260726
48661CB00001B/294